Hogyan Válj Pénzzé

Munkafüzet

ACCESS CONSCIOUSNESS®

"Az életben minden könnyedén, örömmel és ragyogva árad felém!™"

Gary M. Douglas

Tartalomjegyzék

Bevezetés

Ezt az információt eredetileg Gary Douglas (az Access Consciousness™ alapítója) csatornázta egy lénytől, akit Raznak hívnak. Gary már nem csatornázik. Ez egy élő előadás átirata.

Az Access arról szól, hogy megerősítsen abban, hogy tudd azt, amit tudsz. Az éberségről szól. Te vagy az, aki tudja, hogy mire van szükséged.

Ezt a könyvet úgy használd, mint eszközt, amivel megkönnyítheted őrült és korlátozott nézőpontjaidat, amiket a pénz körül létrehoztál, és hogy az életedben több könnyedséget teremthess, és jóval több pénzzel és nagyobb pénzáramlással rendelkezz.

Kérlek, látogass el weblapunkra több információért az Access Consciousness™-szel kapcsolatban és még több termékért és tanfolyamért, ami az élet minden területét - üzlet, pénz, kapcsolatok, szex, varázslat, test, stb. - érinti. Tedd meg, és válj azzá, bármibe is kerül, hogy megalkosd és megteremtsd azt az ÉLETEDET, ami több, mint amit valaha is lehetségesnek véltél.

www.accessconsciousness.com

GARY DOUGLAS TANFOLYAMÁNAK ÁTIRATA, AMIKOR EGY RAZ NEVŰ LÉNYT CSATORNÁZOTT

Gary: Ez a tanfolyam a pénzzel kapcsolatban új tapasztalat lesz számomra. Nem tudom, hogy mit jelent ez majd nektek. Sok dolgunk lesz ma este, úgyhogy bizonyosodjatok meg arról, hogy megvan a jegyzetfüzetetek, a tollatok vagy ceruzátok (vagy amit használni szeretnétek). Abból a kevésből, amit Raz adott nekem, sok dolog kerekedhet ki. Lehet, hogy egyszer csak megkér egy önként jelentkezőt, hogy lépjen ki és legyen tükör a többiek számára. Ha ez gondot okoz neked, tekerj egy takarót magad köré, így téged nem fog látni, máskülönben kérni és kérdezni fog. Ne jöjj zavarba, bármi is történik, mert az a helyzet, hogy itt nincs olyan személy, akinek ne lenne ugyanaz a problémája, mint amit te teremtettél így, vagy úgy. Teljesen mindegy, hogy egy millió dollárod vagy 50 cented van, a pénzzel kapcsolatos dolgok mindenkinek kemények. Rendben? Akkor kezdjük.

A munkafüzet kérdései

Ma este arról beszélünk, hogyan VÁLJ pénzzé. Ami vagy, az energia; ami voltál, az energia; ami leszel, az energia. Ami pénz, az energia.

Amikor a ma esti kérdésekre válaszolsz, légy éber arra, hogy önmagad, és ne a körülötted lévők szempontjából válaszolj őszintén. Minden nézőpont, amit a pénz körül létrehoztál, korlátozásokat és leszűkítettséget teremt abban, hogy hogyan tudod a pénzt befogadni.

Mindent, amit te teremtesz, azt mások is teremtik. Légy teljesen őszinte magaddal, máskülönben te leszel az egyetlen, akit becsapsz, mások tudni fogják a titkaidat.

Megkérünk, emlékezz arra, hogy amivel most foglalkozunk, sokak szerint nem könnyű, pedig annak kéne lennie. A könnyedség humoros, vicces, nevethetsz, rendben van. Készülj fel, hogy az a könnyed lény legyél, aki vagy!

Ha valóban szeretnél eredményeket elérni, az lenne a legjobb, ha válaszolnál ezekre a kérdésekre, mielőtt tovább mennél.

Raszputyin: Hello!

Tanulók: Jó estét, Raszputyin.

R: Hogy vagytok? Tehát ma este arról beszélünk, ami a legközelebb áll valamennyiünk szívéhez, vagyis a pénzről. Az van, hogy a pénz egyikőtök számára sem az, amire gondoltok, de dolgozunk azon, hogy megtanulj a bánni pénzzel - nem úgy, mint egy pillanatról-pillanatra helyzettel, hanem mint a bőség megengedésével, ami lényed igazi természete.

Tehát elkezdjük. Megkérdezzük: Mi a pénz? Írj le három választ, hogy mi a pénz számodra. Most ne azt írd, hogy mi kéne, hogy legyen, hogy mi a "helyes" válasz, mert olyan nincs. Engedd meg az agyadnak, hogy elússzon, és engedd meg, hogy ami számodra az igazság, az kerüljön a papírra. Tehát, három dolog, amit a pénz jelent számodra.

ELSŐ KÉRDÉS: Mi a pénz?

1: _____
_____
_____
_____
_____

2: _____
_____
_____
_____

3: _____
_____
_____

Oké, mindenki kész? A második kérdés: Mit jelent neked a pénz?
Írj le három választ!

MÁSODIK KÉRDÉS: Mit jelent neked a pénz?

1: _____
_____
_____
_____
_____

2: _____
_____
_____
_____

3: _____
_____
_____

Harmadik kérdés: Mi az a három érzés, ami előjön, amikor a pénzre gondolsz?

HARMADIK KÉRDÉS: Mi az a három érzés, ami felbukkan, amikor a pénzre gondolsz?

1:
_____
_____
_____
_____
_____

2:
_____
_____
_____
_____

3:
_____
_____
_____
_____

Most a következő, a negyedik kérdés: Milyennek érzed a pénzt? Három válasz. Milyennek érzed a pénzt?

NEGYEDIK KÉRDÉS: Milyennek érzed a pénzt?

1:
_____
_____
_____
_____
_____

2:
_____
_____
_____
_____

3:
_____
_____
_____
_____

A következő kérdés: Milyennek látod a pénzt?

ÖTÖDIK KÉRDÉS: Milyennek látod a pénzt?

1:
_____
_____
_____
_____
_____

2:
_____
_____
_____
_____

3:
_____
_____
_____
_____

Mindenki kész? A következő kérdés: Milyen ízű számodra a pénz? Érezd a szádban! Milyen az íze? Legtöbbeteknek nem volt pénz a szájában kisgyermek kora óta, használhatod referenciaként az akkori élményt.

HATODIK KÉRDÉS: Milyen ízű számodra a pénz?

1: _____
_____
_____
_____
_____

2: _____
_____
_____
_____

3: _____
_____
_____
_____

A következő kérdés, mindenki kész? A következő kérdés: Amikor látod a pénzt feléd jönni, milyen irányból érzed, hogy jön? Jobbról, balról, hátulról, elölről, fentről, lentről, mindenfelől? Honnan látod jönni?

HETEDIK KÉRDÉS: Amikor látod a pénzt feléd jönni, milyen irányból érzed ezt?

1: _____

_____

_____

_____

_____

2: _____

_____

_____

_____

3: _____

_____

_____

_____

Rendben, a következő kérdés: A pénzzel kapcsolatban azt érzed, hogy több van, mint amire szükséged van, vagy kevesebb?

NYOLCADIK KÉRDÉS: A pénzzel kapcsolatban azt érzed, hogy több van, mint amire szükséged van, vagy kevesebb?

1: _____
_____
_____
_____
_____

2: _____
_____
_____
_____

3: _____
_____
_____
_____

A következő: Amikor behunyod a szemed, milyen színűnek és hány dimenziósnak látod a pénzt?

KILENCEDIK KÉRDÉS: Amikor behunyod a szemed, milyen színűnek és hány dimenziósnak látod a pénzt?

1:
_____
_____
_____
_____
_____

2:
_____
_____
_____
_____

3:
_____
_____
_____
_____

A következő: A pénzzel kapcsolatban mi a könnyebb: a be- vagy a kiáramlás?

TIZEDIK KÉRDÉS: A pénzzel kapcsolatban mi a könnyebb: a be- vagy a kiáramlás?

1:
_____
_____
_____
_____
_____

2:
_____
_____
_____
_____

3:
_____
_____
_____
_____

Következő kérdés: Mi a három legnagyobb problémád a pénzzel kapcsolatban?

TIZENEGYEDIK KÉRDÉS: Mi a három legnagyobb problémád a pénzzel kapcsolatban?

1: _____
_____
_____
_____
_____

2: _____
_____
_____
_____

3: _____
_____
_____
_____

A következő kérdés: Mi van több: pénzed, vagy tartozásod?

TIZENKETTEDIK KÉRDÉS: Mi van több: pénzed, vagy tartozásod?

Válasz:

_____
_____
_____
_____
_____

Még egy kérdést felteszünk: Mi az a három dolog, ami megoldást jelentene jelenlegi pénzügyi helyzetedben ahhoz, hogy bőség legyen az életedben?

TIZENHARMADIK KÉRDÉS: Mi az a három dolog, ami megoldást jelentene jelenlegi pénzügyi helyzetedben ahhoz, hogy bőség legyen az életedben?

1: _____
_____
_____
_____
_____

2: _____
_____
_____
_____

3: _____
_____
_____
_____

Rendben, mindenki megkapta a válaszait? Van, aki még nem? Rendben, most menj vissza az elejére, és kérdezd meg magadtól, hogy a válaszaidban teljesen őszinte voltál-e, és hogy ezek a válaszok, amik a papíron vannak, azok-e, amiket szeretnél válaszolni. Ha nem, változtasd meg őket.

Nézd meg a válaszaidat, és döntsd el, hogy önmagadhoz őszinte vagy-e, őszintén válaszoltál-e. Nincsenek helyes válaszok, nincsenek rossz válaszok, csak nézőpontok, ezek mind, mind nézőpontok. Ezek azok a korlátozások, amik alapján az eddigi életedet teremtetted. Ha a kozmikus helyes válaszból működsz, akkor nem vagy őszinte magaddal, mert, ha abból működnél, az életed teljesen más lenne.

Mi a pénz? Néhány embernek autót jelent, néhánynak házat, néhánynak biztonságot, néhánynak energiacserét. De a pénz azonos ezekkel a dolgokkal? Nem, nem. Energia, mint ahogyan te is energia vagy. Nincs különbség közted és a pénz között, leszámítva azt, amilyen nézőpontokat adtál neki. Ezeket a nézőpontokat azért adtad, mert bevetted másoktól.

Meg kell tanulnod minden dologgal megengedésben lenni, ha meg szeretnéd változtatni pénzügyi helyzeted, és azt, amit a pénz jelent neked. Különösen akkor, amikor olyan nézőpontot hallasz, amit más közvetít neked, meg kell vizsgálnod, hogy számodra igaz-e. Ha igaz, akkor beleegyeztél, összhangba kerültél vele, és megszilárdítottad. Ha nem igaz, akkor ellenállsz, reagálsz rá, és ezáltal megszilárdítod. Még saját nézőpontjaidnak sincs szükségük beleegyezésre, elegendő, ha csak érdekes nézőpontok.

Ami vagy, amit szeretnél, hogy lenne neked, azzá kell, hogy VÁLJ. Ami nincs meg benned, nem lehet a tied. Ha a pénzt magadon kívül látod, nem rendelkezhetsz vele. Ha a pénzt bárhol a lényeden kívül látod, egyáltalán nem lehet a tied és soha nem lesz elegendő, a nézőpontod szerint.

$$$$$$$$$$$$$$$$$$$$$$$$

ELSŐ FEJEZET

Mi a pénz?

Raszputyin: Rendben, mindenki kész van? Mindent kitöltöttetek? Elégedettek vagytok a válaszaitokkal? Rendben. Most akkor elkezdhetünk beszélni a pénzről. Kezdésnek már lehet, hogy megértettetek valamit a saját nézőpontotokkal, a pénzzel kapcsolatban abból, amit leírtatok a papírra. Az életeteket, amit éltek, azokat a nézőpontokat, amiket beengedtetek az életetekbe most mint pénzügyi helyzetet, mint pénzügyi valóságot látjátok. Érdekes nézőpontok.

Most, mint ahogy már annyiszor, a megengedés és az elfogadás közötti különbségről beszélünk. Megengedés: te vagy a szikla az áramlásban, és akkor vagy megengedésben, ha te vagy a szikla, és bármilyen gondolat, ötlet, hit vagy döntés, ami feléd áramlik, körbefolyik és távozik. Ha elfogadásban vagy, minden ötlet, gondolat, hit és döntés neked ütközik, és te az áramlat részévé válsz, és elsodródsz.

Az elfogadásnak 3 eleme van: az egyetértés vagy hozzáigazodás, ami tömörré tesz, az ellenállás, ami tömörré tesz és a reakció, ami szintén tömörré tesz. Hogy néz ez ki a való életben? Nos, például egy barátod azt mondja: "Nincs elég pénz a világban." Ha egyetértesz vagy igazodsz hozzá, akkor azt mondod: "Igen, igazad van.", így mind a te, mind az ő életében megszilárdítod ezt. Ha ellenállsz, azt gondolod, hogy "Ez az ember pénzt akar tőlem", és mind a te, mind az ő életében megszilárdítod ezt. Ha reagálsz erre, akkor ezt mondod: "Nos, az én életemben rengeteg pénz van, nem értem, mi a baj veled", vagy azt mondod: "Ez nálam nem ilyen módon fog működni", akkor bevetted, megvetted, hazavitted és megszilárdítottad magadnak.

Amikor a barátod azt mondja neked: "Nincs elég pénz a világban", ez csak egy érdekes nézőpont. Minden alkalommal, amikor információt hallasz a pénzről, el kell ismerned, hogy ez csak egy érdekes nézőpont; nem kell, hogy a valóságod legyen, nem kell, hogy így történjen. Ha azt gondolod, hogy könnyebb kölcsön kérni, mint visszaadni, akkor megszilárdítod ezt, és folyamatos adósságot teremtesz. Pedig ez csak egy érdekes nézőpont.

Mi a pénz? Néhányan közületek azt gondolják, hogy arany, néhányan azt, hogy kocsik, néhányan azt, hogy házak, néhányan azt, hogy energiacsere, néhányan azt, hogy a csere eszköze. Vegyétek észre, hogy ezek mind megszilárdított nézőpontok. A pénz csak energia. Semmi nincs a világon, semmi, ami nem energia.

Ha ránézel az életedre és azt gondolod, hogy nincs elegendő pénzed, valójában azt mondod az angyaloknak, akik veled vannak és segítenek, hogy nincs szükséged több pénzre, nincs szükséged energiára. Valójában nincsen szükséged, mert energia vagy, és kifogyhatatlan készlettel rendelkezel. Több mint elegendő energiával rendelkeztek, hogy megtegyetek mindent, amire vágytok az életetekben, de nem választjátok, hogy pénzként, energiaként, erőként teremtsétek magatokat.

Mi számotokra az erő? A legtöbbeteknek az, hogy másokat elnyomtok, vagy másokat kontrolláltok, vagy hogy saját életeteket kontrolláljátok, vagy az, hogy életetekre kontrollt tesztek, vagy kontrolláljátok pénzügyi sorsotokat. Érdekes nézőpont, ugye?

Pénzügyi sors - mi is az? Nem más, mint egy őrült program, a végzet programja. Minden egyes esetben, amikor azt mondod: "Rendelkeznem kell egy pénzügyi szabadság programmal", azt mondod magadnak, hogy te személyesen nem vagy szabad. És így teljességgel korlátoztad választásaidat és a tapasztalataidat.

Arra kérünk benneteket, hogy csukjátok be a szemeteket, és kezdjetek energiát húzni magatok elől a testetek minden pórusába. Ne lélegezzétek, csak húzzátok be. Jó, és most húzzatok energiát mindenhonnan a hátatok mögül. És most oldalról minden irányból, és most alulról húzzátok. Vegyétek észre, hogy rengeteg energia áll rendelkezésetekre arra, hogy behúzzátok. És most alakítsátok át pénzzé. Figyeljétek meg, hogy azáltal, hogy behúztátok ezt az energiát, legtöbbötök esetében hirtelen nagyon tömörré vált. Ezután már nem energia volt, amit behúztatok, hanem valami, ami jelentőséggel bír. Elhittétek azt a gondolatot, hogy a pénznek nagy jelentősége van, és ezért megszilárdítottátok, egyetértettek azzal, amiben ezzel kapcsolatban megegyezett a világ. A világ nem pénzzel, hanem energiával működik. A világ az energia "érméivel" fizet, és ha úgy adjátok és fogadjátok a pénzt, mint energiát, bőségben lesz részetek.

De a legtöbbőtök számára a befolyó energia egy kategória, egy gondolat. Húzzatok ismét energiát az egész testetekbe, húzzátok, húzzátok be. Meg tudjátok tartani? Úgy tűnik, hogy növekszik, és egyre több lesz? Nálatok marad? Nem, energia vagytok, és azt, hogy hogyan teremtitek az energiát, az határozza meg, hogyan irányítjátok figyelmetek fókuszát. A pénzzel ugyanez a helyzet.

Tehát a világon minden energia. Nincs olyan hely, ahonnan ne tudnál energiát befogadni. A földön heverő kutyaszarból, a hóra csorgatott pisiből is tudsz energiát befogadni, vagy megérezheted a kocsiból vagy a taxisból áradó energiát. Ezeket is felcsípitek? Mindenhonnan képes vagy energiát fogadni. Most vegyük a taxist, aki bárki lehet, és áramoltass ki rengeteg pénzt a tested elejéből a taxis irányába. Áramoltass ki többet, többet, többet, többet, többet, többet, többet. Most érezd az energiát, amit a tested hátoldalán húzol be. Korlátozod a hátoldalon bejövő energiát?

Honnan jön a pénz? Ha jobbról vagy balról látod megérkezni, az életed a munkáról szól, mert csak ezen a módon tudod a pénzt megkapni. Ha azt látod, hogy elölről érkezik hozzád, úgy veszed, hogy a jövődhöz tartozik. És ha úgy látod, hogy hátulról érkezik úgy, mint ami a múltból érkezik, az az egyetlen hely, ahol volt pénzed. Az életed arról szól, hogy "Volt pénzem, most nincs semmim sem, így nagyon patetikus vagyok." Ez nem a valóság, csak egy érdekes nézőpont.

Most a pénzt a szívcsakrából, a gyökércsakrából vagy a koronacsakrából áramoltatod? Honnan áramlik? Mindenhonnan, létezésed teljességéből, és be is áramlik teljességedbe.

Ha azt látod, hogy a pénz a fejed fölül jön, akkor azt gondolod, hogy a szellem lát el pénzzel. A szellem energiával lát el, energiával, hogy megteremts bármit, amit eldöntesz. Mit teszel, hogy pénzt teremts? Először is erővé kell válnod. Az erő nem ül senki fejére, az erő nem kontrollál. Az erő energia… határtalan, kitáguló, növekedő, csodálatos, ragyogó, bőséggel telt és gyors energia. Mindenhol ott van, az energiában nem kell lekicsinyíhened magad, erőben sem kell lekicsinyíhened magad, és senki mást sem kell lekicsinyíhened. Amikor erőként létezel, teljes valódban vagy -- önmagadként! Amikor önmagad vagy, energiaként létezel, és mint energiához, minden kapcsolódik hozzád, ami azt jelenti, hogy kapcsolódsz egy kifogyhatatlan pénzforráshoz.

Most erővé válsz, és hogy így legyen, mondd tízszer reggelente, hogy "Erő vagyok." Minek kell még lenned? Kreativitásnak. "Kreativitás vagyok!" Mi a kreativitás? A kreativitás az életedről és a munkádról való elképzelés, mindaz, amit saját esszenciádként, mint az energia lelke kívánsz csinálni. Mindent, amit teszel, kreativitásból teszed, függetlenül attól, hogy a padlót sepred, a WC-t pucolod, az ablakokat mosod vagy edényeket mosogatsz, főzöl, csekket írsz; ezt mind kreativitásból teszed, ami az erőhöz kapcsolódik, ami egyenlő az energiával, és ez pénzt eredményez, mert ez mind ugyanaz.

A következő elem, amivel rendelkezned kell, az éberség. Mi az éberség? Az éberség annak a felismerése, hogy minden, de minden, amire gondolsz, megvalósul. Manifesztálódik. Ez az, ahogyan életed megnyilvánul pusztán a gondolataidtól.

Ha van egy kreatív képed arról, hogy merre tartasz, mit fogsz csinálni, és hozzácsatolod az éberséget is, akkor az már kész dolog, ami manifesztálódni fog. De amit itt teszel, az az, hogy hozzáadod az idő elemeit – az időét! Az idő a te gyilkosod, mert ha azok után, hogy befejezted ezt a kurzust, nem vagy képes egymillió dollárt manifesztálni holnapra, eldöntöd, hogy ez egy haszontalan tanfolyam, és elfelejtesz mindent, amit tanultál.

Nos, hogyan számolsz el az idővel? Úgy, hogy a kontroll vagy. "Kontroll vagyok."

Mit jelent "Kontroll vagyok"-ként létezni? A "Kontroll vagyok" annak a megértése, hogy anélkül, hogy meghatároznád az utat, a megfelelő időben, a megfelelő módon mindaz már a saját idejében, a saját szerkezetében kész dolog, amit elképzelsz mint kreatív teremtést, amire éber vagy mint beteljesedés, amihez annak erejeként, energiájaként kapcsolódsz. És ha ezt a négy elemet összerakod, és megengeded az univerzumnak, hogy minden részletét finomítsa, a világot a rabszolgáddá teszed, és éppen azt fogod teremteni, amire vágysz.

Most beszéljünk egy kicsit a vágyról. A vágy az az érzés, amiből eldöntöd, hogy teremtesz. Ez a valóság? Nem, csak egy érdekes nézőpont. Ha ruhára vágysz, egy bizonyos ok miatt teszed-e: azért, mert fázol, vagy mert túl meleged van, vagy azért, mert széttaposta a cipőd? Nem, nem ezek miatt teszed, hanem sok más ok miatt. Azért, mert valaki azt mondta, hogy az a szín jól áll neked, vagy túl sokszor láttak abban az ingben, mert azt gondolják,………. (Nevetés). Na, örülünk, hogy végre egy kicsit megkönnyebbültetek……..(Nevetés)

Rendben, tehát a vágy az a hely, ahova érzelmi szükségleteidet a ragaszkodásodba áramoltatod, hogy realitássá váljon. Neked, lényként, energiaként, erőként, kreativitásként, éberségként és kontrollként nincs egyáltalán vágyad, egy pici sem, nincs vágyad. Nem számít, mit tapasztalsz meg, csak választod a tapasztalataidat. De amit itt nem választasz, az a könnyedség. Nem választod a könnyedséget, mert azt jelentené számodra, hogy te vagy az erő, mert azt jelentené, hogy a Földön békét, nyugalmat, örömöt, nevetést és ragyogást kell teremtened. Nem csak önmagad, hanem mindenki más számára is.

A lekicsinyített önmagadból választasz. Ha azzá az erővé válsz, ami valójában vagy, örömben, könnyedségben és ragyogásban élsz.

A ragyogás az élet kifejezése, és a bőség mindenben.

Mit jelent az, hogy bőség van mindenben? A bőség mindenben az a megértés és valóság, hogy összeköttetésben vagy ezen a bolygón minden lénnyel, minden egyes molekulával, és minden téged és azt az energiát és erőt támogatja, aki vagy. Ha ezeknél kevesebből működsz, bármiből, ami kevesebb, mint ez, csak egy nyuszi vagy.

A pénzügyi bizonytalanság elgyengüléséből kicsinek, tehetetlennek, és még ami azon is túl van - bármire képtelennek teremted magad. Képtelennek arra, hogy szembenézz azzal, aki valójában vagy, mert erő, kontroll, éberség és kreativitás vagy. Ez a négy elem teremti meg a bőséget. Tehát válj ezekké, használd őket életed végéig, minden nap, vagy addig, amíg teljesen magadévá nem teszed őket. És még egy dolgot hozzátehetsz, és mondogathatod: "Pénz vagyok, pénz vagyok." És most arra kérlek, hogy mindannyian mondjátok velünk, csatlakozzatok hozzánk és mondunk néhány "... vagyok"-ot. Rendben? Rendben, tehát kezdjük:

Erő vagyok, éberség vagyok, kontroll vagyok, kreativitás vagyok, pénz vagyok, kontroll vagyok, erő vagyok, éberség vagyok, kreativitás vagyok, erő vagyok, éberség vagyok, kontroll vagyok, kreativitás vagyok, pénz vagyok, éberség vagyok, erő vagyok, kontroll vagyok, éberség vagyok, erő vagyok, kontroll vagyok, pénz vagyok, kreativitás vagyok, öröm vagyok. Jó.

Most érezd az energiádat, és érezd a saját energiád kitágulását. Ez a te igazságod, ez az a hely, ahonnan a pénz áramlását teremted. Mindannyiótok tendenciája az, hogy belehúzzátok magatokat a kis birodalmatokba, amit testeknek neveztek, és gondolkodtok. Hagyd abba a gondolkodást! Az agy haszontalan eszköz számodra, dobd el az agyat, és kezdj el valódi lényedként, erődként, kiterjedtségként működni. Válj teljesen ezzé. Most valamennyien húzzátok be magatokat a pénzügyi világotokba. Jó érzés?

Tanuló: Nem.

R: Rendben, hogyhogy azt választottad, hogy ott élsz? Milyen korlátozó hiedelemből működsz? Írd le!

Milyen korlátozó hiedelemből működsz az életedben, ami megteremtette pénzügyi világodat?

Válasz:_____

_____

_____

_____

Most maradj kitágult, mint erő, és nézd meg azt a pénzügyi valóságot, amit teremtettél magadban. Ne úgy nézd, mint valóságot, hanem mint egy teret, amiből működsz. Milyen korlátozó hiedelem tart ebben a helyzetben, hogy így viselkedj? Ne húzd vissza magad a testedbe, érzékeljük, hogy azt teszed. Érintsd meg a teret, de ne légy benne. Köszönöm, látod? Így, tágulj ki, igen, így. Ne húzd vissza magad abba a térbe. Megint azt teszed, mozdulj ki.

Erő vagyok, éberség vagyok, kontroll vagyok, kreativitás vagyok, pénz vagyok, erő vagyok, kontroll vagyok, kreativitás vagyok, pénz vagyok, erő vagyok, kontroll vagyok, kreativitás vagyok, pénz vagyok, erő vagyok, kontroll vagyok, kreativitás vagyok, pénz vagyok, éberség vagyok, éberség vagyok, éberség vagyok. Így, köszönöm.

Most a testeden kívül vagy. Azt választod, hogy állandóan lekicsinyíted magad a tested méretére, aztán választasz egy korlátozást arról, hogy mennyit tudsz befogadni, mert azt gondolod, hogy csak a tested képes befogadni a pénz energiáját, ami nem igaz. Ez az a hazugság, amiből működsz. Rendben, most kiterjedtebb vagy? Rendben, most, hogy ránéztek erre, mindenki kapott választ? Ki az, aki nem kapott választ?

T: Én nem kaptam.

R: Rendben. Nem kaptál választ? No, nézzük. Milyennek ítéled meg a pénzügyi helyzetedet? Érezd a testedben - hol van helyileg?

T: A szememben.

R: A szemedben? A pénzügyi helyzeted itt van, így nem látod, mi az, amit teremtesz?

T: Igen.

R: Tehát éberség van a szemedben? Érdekes, hogy most megpróbálsz elmenekülni, figyeled? Igen, elkezdtél távozni. A korlátozó hiedelem, amiből működsz: "Nincs meg a rálátásom arra, hogy tudjam, mi fog történni és hogyan kontrolláljam azt." Igaz?

T: Igaz.

R: Jó. Tehát hogyan tudod kimozdítani magad ebből a hitből? Nos, mindenki másnak is megvan a hiedelme, amiből funkcionál? Kinek van itt szüksége még hozzájárulásra, segítségre?

T: Nekem.

R: Igen? Mi a te pénzügyi helyzeted, és hol érzed a testedben?

T: A napfonatomban, és a torkomban.

R: Igen, rendben. Tehát mi van a napfonattal és a torokkal? Menj bele, érezd teljességében, érezd, igen, ott, éppen ott. Rendben, figyeld, hogy nehezebb, egyre nehezebb. Igen, feljön egyre több olyan pénzügyi helyzet, amiben most érzed magad, mint akkor, amikor pénzügyi pácban vagy, igaz? Rendben, most fordítsd meg ezt az egészet és indítsd el a másik irányba. Így, érzed? Változik most?

T: Aha.

R: A pénzügyi megfontolásod az, hogy nincs erőd vagy hangod ahhoz, hogy kimondd az igazságot magadról ahhoz, hogy a dolgok működjenek.

T: Igen.

R: Igen, pontosan. Jó. Érted. Most mindannyian megértettétek a módszert, ahogyan vissza tudjátok alakítani azokat a hatásokat, amiket saját testetekben, világotokban alkottatok. Ahol érzitek a pénzügyi visszahúzódást testetekben, megfordítjátok és megengeditek, hogy kijöjjön belőletek, és rajtatok kívül legyen, ne bennetek. Ne úgy tekintsétek, mint részeteket, hanem mint egy érdekes nézőpontot, igen. Mert idekint van róla nézőpontod, láthatod. És ahogyan működsz, amilyen korlátozott a tested, a lelkedben is korlátokat hoz létre. Most szédül még valaki? Bárki?

T: Én.

R: Enyhe szédülés? Rendben. Szóval enyhe szédülés? Miért szédülsz? Nem így érzed magad a pénzzel kapcsolatban? Mintha kiforgatnának, amivel nem tudod, pontosan mit kezdj? Tedd ki ezt a szédülést a fejedből. Igen, érezd, érezd ezt! Most tágulsz. Látod, hogy többé már nincs semmi sem kontroll nélkül a fejedben. Nincs kontroll nélkül. Lószart! Az egyedüli dolog, ami kontrollál téged, a piros lámpák, amik alapján működsz, és a zöld lámpák, amik megmondják, mikor mehetsz, amikor autót vezetsz. Miért követnéd ezeket a piros és zöld lámpákat, ha a testedben vagy? Pavlovi tréning? No, most azt kérjük, hogy térjetek vissza az eredeti kérdéseitekhez. Mi az első kérdés?

T: Mi a pénz?

R: Mi a pénz? Mi neked a pénz? Mik a válaszok?

T: Az első válaszom az erő. A második a mobilitás, a harmadik a növekedés.

R: Jó. Ezek közül melyik az igaz?

T: Az erő.

R: Valóban?

T: Az erő, ez teljesen igaz.

R: Valóban, ez teljesen igaz? Azt hiszed a pénz erő? Van pénzed?

T: Nincs.

R: Tehát nincs erőd?

T: Aha.

R: Ez az, ahogy érzed magad? Erőtlennek? Hol érzed ezt az erőtlenséget?

T: Ahogy így mondod, azonnal éreztem a napfonatomban.

R: Igen, és mit teszel? Tedd ki magadból.

T: De tudod, amikor éreztem a pénzt, a szívemben éreztem. És amikor tennem kell vele valamit, ahol érzem........

R: Igen, mert ez az erővel kapcsolatos, azzal a történettel, amit a napfonatodban érzel. Eladtad az erődet, odaadtad valakinek, meg kell fordítanod az áramlást. Az erő a tied, te erő vagy. Te nem teremted az erőt, te magad vagy az erő. Érzed ott? Ahogyan kifordítod, elkezdesz megint tágulni, ne menj bele a fejedbe, ne gondolkozz róla, érezd! Igen ott, lökd ki azt az erőt! Nos, mit jelent ez? Az alapfeltételezés az, hogy mindannyiótok valósága az, hogy rendelkeztek pénzzel, mint erővel, és ezt érzitek befelé húzódni. Megpróbáljátok megteremteni ezt az erőt, de ehhez már el kellet döntenetek, hogy nem rendelkeztek erővel. Bárminek, ami odaragasztja a figyelmed, annak igazságtartalma van, amihez egy hazugság csatlakozik.

T: El tudnád ezt még egyszer mondani?

R: Bármit, ami odaragasztja a figyelmed az erővel kapcsolatban?

T: Igen.

R: Amikor úgy érzed, hogy az erő feléd jön, már eldöntötted, hogy egyáltalán nincs erőd. Már eldöntötted. Mit tesz ez veled? Lekicsinyít. Ne feltételezésből teremts, abból a feltételezésből, hogy a pénz erő, hanem érezd. A pénz, mint erő – ez szilárd dolog, vagy csak érdekes nézőpont? Te tetted azzá, ha a pénz erő, érezd az energiáját! Szilárd, nem? Tudsz szilárdságban energiaként működni? Nem, mert ez az a hely, ahonnan azt a dobozt alkotod, ahol élsz, és ahol most is csapdában vagy! Abban az elképzelésben, hogy a pénz erő. A következő válasz?

T: A következő válaszom a mobilitás.

R: Mobilitás?

T: Igen.

R: A pénz megengedi neked, hogy mozogj?

T: Igen.

R: Valóban? Nincs pénzed, de eljutottál Pennsylvaniából New Yorkba.

T: Nos, ha így vesszük...

R: Eljutottál?

T: Igen.

R: És mennyi energiát kaptál itt, ami megváltoztatott?

T: Ó, sokkal többet, mint ami ahhoz kellet, hogy idejussak. Erre gondolsz?

R: Igen. Ez egy érdekes nézőpont, nemde? Nos, milyen módon áramolsz, inkább kifelé, vagy inkább befelé?

T: Ó, ebből a nézőpontból tekintve inkább befelé.

R: Rendben. Szóval mindig úgy gondoltál magadra, hogy lekicsinyítetted magad, mert energiát kaptál, de nem láttad a pénzt mint energiát, ami be tud jönni, be tud jönni. Az energiát nagy örömmel engeded, nemde?

T: Igen.

R: Nagyszerű íze van?

T: Igen.

R: Ragyogás, úgy, ahogy volt. Most érezd ennek a ragyogásnak az energiáját, azt az energiát, amit az utóbbi pár napban tapasztaltál. Érzed?

T: Igen.

R: Alakítsd mindezt pénzzé. Húha, milyen forgószél tud ez lenni, ugye?

T: (Nevetés).

R: Nos, hogyhogy nem engeded meg magadnak máskor, hogy ez életed része legyen? Mert nem vagy hajlandó megengedni magadnak azt, hogy befogadj. Mert a feltételezés az, hogy szükséged van valamire. Milyennek érzed a szükséget?

T: Ez nem jó érzés.

R: Úgy érzed mint megszilárdulást, ugye? Ez a fedél a dobozodon. A *szükség* az egyik legmocskosabb szó a szótáradban. Dobd el! Most ezt írd le egy darab papírra, külön oldalon. Írd le, hogy "szükség"! Tépd ki a füzetedből, és szakítsd szét! Most a zsebedbe kell tenned, máskülönben D-nek (egy másik tanulónak) problémái lesznek. (Nevetés). Jó! Milyen érzés?

T: Jó.

R: Nagyszerű érzés, ugye? Igen, rendben, szóval minden alkalommal, amikor használod a *szükség* szót, írd le, tépd szét, és addig tedd ezt, míg ki nem törlődik a szótáradból.

T: Feltehetek egy kérdést?

R: Igen, vannak kérdéseid?

T: Igen, csak arról, hogy……. Korábban azt gondoltam, hogy elmagyaráztad, hogy az *erő, energia, éberség* szavak felcserélhetőek.

R: Nem teljesen. Ha jelentőségtelivé teszed, megszilárdítod őket. Energiaáramlásként kell őket használnod. Az erő energia, az éberség energia, ezt teljes bizonyossággal tudd, kétség és fenntartás nélkül. Ha azt gondolod, hogy "Jövő héten egymillió dollárom lesz", és belül hallasz egy kis hangot, hogy "Fogadni akarsz?", vagy hogy "Hogyan fogod ezt megcsinálni?", vagy hogy "Ó, istenem, nem hiszem el, hogy így elköteleztem magam!", akkor már annyira szembementél a szándékoddal, hogy már nem jöhet létre abban az időintervallumban, amit létrehoztál számára, és ez így már a kontrollal kapcsolatos.

Ha azt mondod: "Azt kívánom, hogy legyen egy millió dollárom a bankban", és tudod, hogy így is lesz, nem kell időt szánnod rá, mert van kontrollod afelett, amit gondolsz. Ez sokkal gyorsabban megtörténhet, ha minden pillanatban, amikor valami ellentétes gondolat bukkan fel, úgy tekintesz rá, hogy "Oh, ez érdekes nézőpont", és kitörlöd. Minden alkalommal, amikor nem törölsz ki gondolatot, megnöveled az időtartamot kívánságod megvalósulásáig.

Eltávolodsz tőle. Ha alapot teremtő cél szempontjából tekintesz rá, például: vegyük azt, hogy van egy rendben lévő fád, és legyen az a célod, hogy van egymillió dollárod - ezt helyezd a fa tetejére. Minden alkalommal, amikor mondasz valamit, vagy valami negatívat gondolsz arról, amiről elhatároztad, hogy létrehozod, elkezded lebontani az alapot, szép lassan elkezded vagdosni a fát, amíg az felborul, és összeomlik. És akkor már nem létezik többé. Akkor újra felépíted, újból elhatározod, de ismét automatikusan elkezded lebontani. Ha már teljes bizonyossággal tudod, hogy ez mint valóság már létezik, akkor találhatod meg az egyensúlyt, és a fa tetején ott van már a pénzed. Tudnod kell, hogy a saját ritmusodban fogod megkapni, el fogsz érni a célodhoz, amit teremtettél. Csak ekkor kaphatod meg, birtokolhatod, és válhat a tieddé. Rendben, nézzük a második válaszodat, a mobilitást. Mi a mobilitás? Mozgás a tested körül?

T: Hát, így gondoltam.

R: Azt érted ezalatt, hogy mozgás a test körül, vagy azt, hogy szabadság?

T: Nos, mindkettő.

R: Mindkettő?

T: Igen.

R: Akkor még egyszer: eleve azt feltételezed, hogy nincs neked. Vedd észre: ezek a feltételezéseid, amik negatív nézőpontok, nem engedik meg neked, *nem engedik meg neked,* hogy megkaphasd, amire vágysz az életedben. Ha azt mondod, hogy szükséged van a szabadságra, vagy vágysz rá, automatikusan azt a nézőpontot teremted, hogy nincs szabadságod. Ez sem erő, sem éberség, sem kontroll, sem kreativitás. Nos, ez egyfajta kreativitás. Te alkottad és tetted azzá a valósággá, amiből működsz. A tudatosság az a folyamat, amiből megalkotod az életed, és nem a feltételezés. Nem tudsz feltételezésből funkcionálni, egy kis alliteráció van ám ott, ideje, hogy megírjuk a versünket legott. Rendben. Lássuk a harmadik válaszod.

T: A harmadik, nos, növekedés.

R: Ó, tehát nem növekedtél az utóbbi 20 évben?

T: Hát, növekedés... volt egy olyan elképzelésem, hogy szükséges utaznom, hogy...

R: Mit mondtál?

T: Szeretném, ha tudnék utazni...

R: Mit mondtál?

T: Azt mondtam, hogy szeretnék, ó, azt mondtam, hogy "szükséges".

R: Igen. Írd le, és szakítsd szét. (Nevetés). Jobb, ha kisebb darabokra téped.

T: Minden bizonnyal. Amikor izgalmas workshopokról hallok, ahol tudok tanulni valamit, igen, szeretném, ha tudnék utazni.

R: Érdekes nézőpont. Na most, mi az az automatikus nézőpont, az a feltételezés, amiből működsz? Hogy: "Ezt nem engedhetem meg magamnak." Hogy: "Nincs elég pénzem." Érezd az energiádat. Érezd az energiádat, ez milyen érzés?

T: Ez most nagyon kitágult érzés.

R: Jó, de amikor kimondod, milyen érzés?

T: Amikor kimondom?

R: Igen, amikor azt feltételezted, hogy nincs elég pénzed.

T: Ó, az szűk érzés, olyan érzés, mint...

R: Jó. Kell-e még arról a helyről működnöd?

T: Remélhetőleg nem.

R: Remélhetőleg nem? Érdekes nézőpont.

T: Nagyon érdekes.

R: Tudatosság, tudatosság, minden alkalommal, amikor így érzel, ébredj fel!! Amikor így érzel, már nem vagy többé a valódi önmagad. Többé már nem vagy erő, éberség, kontroll, kreativitás és pénz sem. Rendben. Van még bárkinek akármilyen nézőpontja, hogy mi számára a pénz; valami, amiről tisztázni szeretné a feltételezett nézőpontjait?

T: Igen.

R: Igen?

T: Az első válaszom a kozmikus üzemanyag volt.

R: Kozmikus üzemanyag? Tényleg így gondolod? És mi a mögötte lévő feltételezés? Az, hogy nincs kozmikus üzemanyagod? A feltételezés emögött az, hogy nincs kozmikus üzemanyagod. Hogy nem vagy kapcsolatban a kozmosszal, és nem vagy éberség. Ezek közül igaz bármelyik?

T: Nem.

R: Nem, nem azok. Úgyhogy ne a feltételezésből, hanem a valóságból működj. Van kozmikus üzemanyagod, rengeteg, rengeteg, bőségesen. Igen, pont így. Látod ezt? Van még nézőpontod, amiről szeretnél kérdezni?

T: Igen, volt egy tartalékom a túléléshez.

R: Áh, nagyon érdekes nézőpont, gyanítjuk, vannak hasonló nézőpontjai még hat vagy hét résztvevőnek. Nos, mi az a feltételezés, amiből működsz? Igazából három van emögött a nézőpont mögött. Nézz rájuk, mit látsz, miket feltételezel? Az első, hogy azt feltételezed, hogy túl fogsz élni, vagy hogy túl kell élned. Hány milliárd éves vagy?

T: Hat.

R: Legalább. Tehát már túléltél hat milliárdot, ezalatt hány életedben tudtad a tartalékodat magaddal vinni? (Nevetés). Tehát?

T: Mindegyikben.

R: Magaddal vitted a tartalék pénzt az összes életedben, mint a túlélés tartaléka?

T: Igen.

R: Amikor a túlélésről beszélsz, a testedről beszélsz, és azt feltételezed, hogy test vagy, és a test csak pénzzel képes túlélni. Állítsd meg a légzésed, és most húzz be energiát a napfonatodba - ez ne nagy levegővétel legyen. Vedd észre, hogy három-négy energialégzést is tehetsz, mielőtt ténylegesen levegőt kell venned, a tested mégis energetizálva érzi magát. Igen, így. Most lélegezhetsz, lélegezz be energiát a légzés közben. Így válhatsz energiává és pénzzé, minden egyes lélegzetvétellel energiát is belélegzel, minden egyes lélegzetvétellel energiát is belélegzel; nincs különbség közted és a pénz között.

T: Értem én ezt?

R: Érted már, hogy hogyan funkcionálsz, és mit feltételezel?

T: Aha.

R: Rendben, és szükséged van még erre?

T: Nem.

R: Jó. Mit tudsz tenni ezzel? Megváltoztatni; mindannyian képesek vagytok ezeket megváltoztatni; vedd el a feltételezést, és alkoss egy új nézőpontot, energiaként, kontrollként, kreativitásként, pénzként. Milyen új nézőpontod választanál?

T: Hogy erő vagyok, energia vagyok.

R: Pontosan, és az vagy, nemde? És az voltál mindig is? Milyen érdekes nézőpont! Rendben, szóval a következő kérdés, ki lesz önként jelentkező erre?

T: Azt mondtad, hogy három feltételezés van a tartaléka mögött.

R: Igen.

T: Csak egyről beszéltünk, ugye?

R: Kettőről.

T: Kettőről? Túl kell élnem.

R: Én túlélek, túl kell élnem, nem tudom túlélni.

T: Ok.

R: És mi a harmadik? Gondolkozz el rajta. Nem vagyok hajlandó túlélni. A ki nem mondott nézőpont.

MÁSODIK FEJEZET

Mit jelent számodra a pénz?

Raszputyin: Kérlek olvasd fel a második kérdést és a válaszokat.

Tanuló: Mit jelent számodra a pénz?

R: Mi az első válaszod?

T: Biztonságot.

R: Biztonságot. Hogy lehet a pénz biztonság?

T: Ha rendelkezel vele, biztonságos a jelened és a jövőd.

R: Érdekes nézőpont. Igaz ez? Valóságos? Ha a pénzed a bankban van, és a bank csődbe megy, biztonságban vagy? Ha a pénzed egy házban van, és a ház leég, pont aznap, amikor elfelejtetted a biztosítást befizetni, biztonságban vagy?

T: Nem.

R: Csak egyfajta biztonságod van, és azt nem a pénz hozza létre. Annak az igazságnak a biztonsága, hogy te, mint lény, mint lélek, mint fény létezel. És onnan teremtesz. Erő vagy - mint energia. Mint erő, mint energia, rendelkezel az egyetlen létező biztonsággal. Ha Kaliforniában laknál, tudnád, hogy nincs biztonság, mert a lábad alatt minden mozog. De itt a keleti parton úgy feltételezed, hogy a Föld biztonságos, pedig nem az. Amit a világnak nevezel, nem szilárd hely, hanem kizárólag energia. A falak szilárdak? Még a tudósaitok is azt mondják, hogy nem, csak azért tűnnek szilárdnak, mert a molekulák lassabban mozognak.

Te szilárd vagy? Biztonságban vagy? Nem, te térűr vagy egy csomó molekula között, amiket szilárd kinézetűvé alkottál és formáltál. Ez így biztonság? Ha biztonságban lehetnél a pénzzel, magaddal tudnád vinni, amikor meghalsz? Képes lennél szerezni új testet, visszajönni és visszaszerezni a pénzt a következő életedben? Szóval, valóban biztonság az, amit megveszel a pénzzel, valóban biztonságot jelent, vagy csak egy nézőpontot, amit felvettél, bevettél másoktól, hogy így kell az életedet teremteni?

T: Szóval azt mondod, ha pénzre gondolok, meg tudom teremteni?

R: Igen. Nem akkor, ha rágondolsz, hanem ha AZZÁ VÁLSZ!

T: Hogyan tudok pénzzé válni?

R: Először is: kell, hogy legyen elképzelésed az életedről, ami arról szól, hogy "kreativitás vagyok". Kreativitás vagy, mint elképzelés. "Erő vagyok" vagy, energiaként. "Éberség vagyok" vagy, tudván pontosan, hogy a világod olyan lesz, amilyennek látod. "Kontroll vagyok" vagy, nem fix elképzeléssel arról, hogyan kell eljutnod oda, hanem éberséggel arra, hogy az univerzum úgy forgatja a fogaskerekeket, hogy létrehozza az elképzelésedet: hogyha a cselekedeteidnek megfelelően fenntartod az erődet, és az éberségedet. Aztán, ha megvan ez a négy elem, akkor "pénz vagyok"-ká válhatsz.

És használhatod ezeket, mondhatod, hogy "Erő vagyok, éberség vagyok, kontroll vagyok, kreativitás vagyok, pénz vagyok." És használd minden reggel, minden este, amíg nem válsz pénzzé, kreativitássá, éberséggé, kontrollá, erővé. Ez az, ahogyan pénzzé válhatsz. Az azzá válásnak az "én vagyok" része. Ezért ez az a mód, ahogyan most teremted magadat. Szóval ha ebből a nézőpontból teremted magad, hogy "biztonságot szerzek, azáltal, hogy pénzt szerzek", mi is az? Egy idő-intervallum, egy eljövendő jövő, igaz?

T: Igen.

R: Így soha nem érheted el.

T: Mindig a jelenben kell lenned?

R: Igen! Az "én vagyok" mindig a jelenbe hoz. Milyen más nézőpontod van a pénzzel kapcsolatban, mit jelent még neked a pénz?

T: Nos, a biztonság volt legfőképpen, mert a másik kettő az otthon és a jövő. De ha volna biztonságom, az otthonom és a jövőm is biztonságos lenne. Szóval valójában...

R: Valójában? Ez valóban igaz?

T: Nem, nem, nem az. Erre már rájöttem, amikor ránéztünk a biztonság szükségére.

R: Igen, jó.

T: Megértettem az "... vagyok"-okat.

R: Igen. Van még valaki, akinek van nézőpontja, és szeretné tisztábban látni?

T: Boldogság.

R: Boldogság: a pénzzel boldogságot vásárolhatsz, he?

T: Úgy gondolom.

R: Tényleg? Van most pénz a zsebedben?

T: Nem sok.

R: Boldog vagy?

T: Aham.

R: Akkor ezt nem a pénz hozta neked, ugye?

T: Nem.

R: Így van: te vagy az, aki az örömöt és boldogságot teremti az életedben, nem a pénz. A pénzzel nem vásárolható meg a boldogság, de ha az a nézőpontod, hogy a pénzzel boldogságot lehet venni, akkor hogyan lehetsz boldog, ha nincs pénzed? Az ítélkezés, ami ezt követi az, hogy "Nincs elég pénzem ahhoz, hogy boldog lehessek". És még ha több pénzed lesz is, még mindig nem lesz elegendő ahhoz, hogy boldog legyél. Mit érzel ezzel kapcsolatban?

T: Csak azt: igazából akkor is képes vagyok boldog lenni, ha nincs pénzem, de ha tudom, hogy csütörtökön fizetnem kell valakinek, rendszerint rosszabb lesz a hangulatom.

R: Na! Haladunk, megérkeztünk ehhez a témához – az időhöz! Hogyan teremted a pénzt?

T: Van munkám és dolgozok.

R: Ez egy érdekes nézőpont. Úgy érted, hogy csak a munkával kaphatod meg?

T: Ez az, amit tapasztaltam.

R: Szóval melyik nézőpont jött először: az elképzelés, hogy dolgoznod kell, hogy pénzed legyen, vagy a tapasztalat?

T: Az elképzelés.

R: Igen. Te hoztad létre, ugye?

T: Igen.

R: Így te vagy érte a felelős; te teremtetted a világodat, pontosan a gondolati mintáid alapján. Dobd el az agyad, csak az utadban áll! Azt gondolod, hogy nem gazdagabb leszel, hanem korlátoltabb. Az utadba rakod a gondolkodási folyamatot, és így lekicsinyíted magad, korlátozod magadat abban, amit el fogsz érni, és amit meg fogsz kapni. Mindig is képes voltál boldogságot teremteni, nemde?

T: Igen.

R: Csak a számlák azok, amik az utadban állnak, igaz?

T: Igaz.

R: Mert azt csinálod, hogy azt hiszed, hogy van egy elképzelésed a pénzről, hogy milyen lesz az életed, ugye?

T: Igen.

R: Tehát vedd ezt az elképzelést most; milyen érzés ez? Könnyű vagy nehéz?

T: Könnyű.

R: És amikor ebben a könnyedségben vagy, tudatában vagy annak, hogy minden adósságodat ki fogod fizetni?

T: Megismételnéd?

R: Ebben a könnyedségben, tudod mint éberség, tudatában vagy, hogy minden tartozásodat ki fogod fizetni?

T: Igen.

R: Tudod ezt? Abszolút éberséged és bizonyosságod van erről?

T: Arról, hogy ki kell fizetnem mindenkit, akinek tartozom.

R: Nem arról, hogy kell, hanem hogy ki fogod fizetni.

T: Igen, azt gondolom, ki fogom fizetni.

R: Ó, érdekes nézőpont, azt gondolom, ki fogom fizetni. Ha azt gondolod, hogy vissza fogod fizetni, van benned vágy, hogy kifizesd, vagy ellenállsz neki?

T: Ellenállok.

R: Igen, ellenállsz. Igen? Ellenállsz a fizetésnek? Mi a célja az ellenállásnak?

T: Nem tudnám megmondani.

R: Mi lenne a nézőpontod amögött, hogy nem vágysz a fizetésre? Ha elegendő pénzed lenne, kifizetnéd a számlát?

T: Igen.

R: Tehát mi a mögötte lévő nézőpontod, amit nem mutatsz meg?

T: Hogy aggódok a pénz miatt, amit nem akarok kifizetni.

R: Hogy nem lesz elég, igen?

T: Igen.

R: Igen, a ki nem mutatott nézőpont az, amit nem látsz, ami problémát okoz. Mert az a hely, ahol teremtetted, az az a nézőpont, hogy egyáltalán nincs elég pénzed. Valóssá tetted, hogy nincs elég?

T: Igen.

R: Ez az a hely, ahonnan működsz?

T: Nem értem, hogy mit mondasz.

R: Szeretsz a "nem elég"-ből működni?

T: Igen.

R: Mi az értéke annak, hogy a "nem eleg"-et választod?

T: Nincs semmi sem.

R: Kell lennie, különben nem választanád.

T: Nem rendelkezünk valamennyien ezzel a félelemmel?

R: Igen, mindannyian rendelkeztek ezzel a félelemmel, hogy nem lesz elég, és mindannyian abból a bizonyosságból működtök, hogy nem lesz elég, ezért keresitek a biztonságot, ezért keresitek a boldogságot, és ezért keresitek az otthonotokat, ezért keresitek a jövőt, amikor a valóságban te teremtetted az összes jövőt, ami valaha is volt. Minden múltat, jelent és jövőt te teremtesz. És kifogástalan munkát végeztetek azzal, hogy megteremtettétek pontosan úgy, ahogyan gondoltátok. Ha azt gondolod, hogy nincs elegendő, mit teremtesz?

T: A nem eleget.

R: Pontosan, semmi sem lesz elegendő. Most gratuláljatok magatoknak ezért a jó munkáért, kifogástalanul csodálatos munkát végeztetek a "nem elég" megteremtésével. Gratulálok, nagyon jók vagytok, nagyszerű és ragyogó teremtők.

T: A semmi teremtője.

R: Hát, valamit teremtettél, adósságot hoztál létre, nemde?

T: Rendben, ez igaz.

R: Nagyon jó vagy az adósság teremtésében, nagyon jó vagy a "nem elég" teremtésében, nagyon jó vagy abban, hogy elégséges mennyiséget teremts, hogy táplálkozhass és ruházkodhass, igaz? Szóval, kiváló munkát végeztél mindezek megteremtésében. Tehát milyen nézőpontból nem teremtesz? Nincs korlátozás, nincs korlátozás.

T: Ehhez nem kell sok gyakorlás?

R: Nem, nem kell hozzá gyakorlás.

T: Valóban? Csak folyamatosan csináljuk?

R: Igen, annyit kell tenned, hogy LEGYÉL a "kreativitás vagyok", az életed elképzelése. Mit szeretnél, milyen legyen az életed? Milyen lenne, ha bárhogyan megteremthetnéd, ahogyan választod? Milliomos lennél, vagy koldus?

T: Milliomos.

R: Honnan tudod, hogy jobb milliomosnak lenned, mint koldusnak? Ha milliomos vagy, jöhet valaki, és elrabolhatja az összes pénzed, ha koldus vagy, senki sem akarja ellopni a pénzedet. Szóval, milliomos szeretnél lenni? Milyen célból? Miért szeretnél milliomos lenni? Jó ötletnek látszik, de ez csak egy jó ötletnek látszik, igaz?

T: Igen, ez egy jó ötlet.

R: Ez jó ötlet, oké. Akkor játsszunk egyet. Csukd be a szemed, és lásd, hogy egy száz dolláros bankjegy van a kezedben. Most tépd el kis darabokra, és dobd el. Óó, ez fáj.

Osztály: (Nevetés).

R: Most láss ezer dollárt, tépd el és szórd szét. Ez jobban fáj ugye?

T: Igen.

R: Most égess el tízezer dollárt, dobd a tűzbe. Érdekes, nem volt olyan nehéz a tűzre dobni tízezer dollárt, ugye? Rendben, most dobj százezer dollárt a tűzbe.

Majd dobj egymilliót a tűzbe. Most dobj tízmilliót a tűzbe. Most LEGYÉL tízmillió dollár. Mi a különbség aközött, hogy tíz milliót dobtál a tűzbe, és aközött, hogy tíz millió dollár vagy?

T: Sokkal jobb érzés.

R: Jó, akkor hogyhogy folyton a tűzbe dobod az összes pénzed?

Osztály: (Nevetés).

R: Állandóan eldobod a pénzed, állandóan elköltöd, hogy megpróbálj boldog lenni, megpróbálj túlélni. Nem engeded meg magadnak, hogy annyit teremts, hogy érezd, hogy te vagy a pénz, hogy hajlandó vagy pénzzé válni. A hajlandóság arra, hogy pénzzé válj az, hogy egymillió dollárként vagy tízmillió dollárként létezel. Létezni: ez csak egy energia, nincs jelentősége, hacsak te nem adsz neki. Ha jelentőségtelivé teszed, nehézzé teszed. Ha jelentősége van, megszilárdul, és akkor csapdába ejtetted magad. A világod doboza a paraméter, ami alapján a korlátaidat teremted. Az, hogy nagyobb dobozod van, nem jelenti azt, hogy az kevésbé doboz, attól még mindig doboz. Érted, hogy hova szeretnék kilyukadni.

T: Igen.

R: Tetszik?

T: Igen.

R: Jó.

T: Még mindig bonyolult. (Nevetés).

R: Ez is érdekes nézőpont, hogy nehéz pénzzé válni, nem?

T: De.

R: Most nézz a nézőpontra. Mit teremtesz ezzel a nézőponttal?

T: Tudom, korlátozok dolgokat.

R: Igen, bonyolulttá, szilárddá és valóságossá teszed. Öcsi, jó munkát végeztél vele. Gratulálok, nagyszerű, hatalmas teremtő vagy.

T: Ez a két mágikus szó: én vagyok.

R: Pénz vagyok, erő vagyok, kreativitás vagyok, kontroll vagyok, éberség vagyok. Rendben, van valakinek még olyan nézőpontja, ami magyarázatra szorul?

T: Meg tudod tenni ezt anélkül, hogy dolgoznál érte?

R: Meg tudod tenni. Szóval két nagyon érdekes korlátozás van. Először is, hogyan csinálsz pénzt, van egy nyomdád az udvaron?

T: Nem.

R: Anélkül, hogy dolgoznál érte... Mi számodra a munka?

T: A munkabér.

R: A munka az a fizetés?

T: Igen.

R: Szóval ülsz otthon, és begyűjtöd?

T: Nem, elmegyek dolgozni.

R: Nem, a munka neked olyan, amit utálsz csinálni. Érezd azt a szót, hogy *munka*, érezd. Milyen érzés? Könnyű és levegős?

T: Nem.

R: Szar érzés, ugye? (Nevetés). A munka az, hogy belenézel a kristálygömbödbe.

T: Nem.

R: Nos, nem csodálkozom, hogy nem tudsz pénzt csinálni. Nem látod, hogy mi az, amit munkaként teszel, ugye?

T: Nem igazán tudom még, hogy mit csinálok igazából.

R: Érdekes nézőpont. Hogyan válhatsz az "éberség vagyok"-ká úgy, hogy nem tudod, mit csinálsz? Mi itt a mögötte lévő feltételezés, amiből működsz? Az, hogy "félek"?

T: Nem, nem értem.

R: Mit nem értesz? Ha kétségbe vonod a képességeidet, nem tudsz pénzt kérni érte. Igaz?

T: Nem arról van szó, hogy kételkednék. Arról van szó, hogy nem értem. Nem tudom, mit látok.

R: Jó, veszítsd el az agyad, kapcsolódj a vezetőidhez, hagyd, hogy a gömb vezessen. Próbálod átgondolni, kitalálni a gondolatok nézőpontjából. Nem gondolkodó gép vagy, hanem médium. Egy médium nem tesz semmit, csak hagyja, hogy jöjjenek a képek, és megengedi, hogy az elméje és a szája szabadon szárnyaljon. Meg tudod ezt tenni?

T: Igen, ezt csinálom.

R: És nagyon jól csinálod, amikor hagyod, hogy megtörténjen. Csak akkor teremtesz képtelenséget, amikor az elmédet is beleteszed az egyenletbe. Az egészben az a sajnálatos, hogy nem bízol abban, amit tudsz. Nem fogtad fel, hogy te mint végtelen lény hozzáférsz az univerzum összes tudásához. A valóság az, hogy félelemben élsz... a sikertől való félelemben, az erődtől való félelemben, a képességeidtől való félelemben. És valamennyiőtök félelme alatt harag, intenzív harag és düh rejtőzik. És kire vagytok mérgesek? Önmagatokra. Haragszotok magatokra, mert azt választjátok, hogy korlátozott lények legyetek, akik vagytok, és nem testesítitek meg az Isteni Erőt, amik vagytok, hanem inkább a testetek korlátozott méretéből működtök, mintha az lenne a létezés határa. Tágítsd ki magad, és menj el tőle úgy, hogy már nem félsz, nem vagy haragos, hanem a teremtő képességed nagyszerű és ragyogó rácsodálkozásában vagy. A kreativitás elképzelés. Vannak elképzeléseid?

T: Igen.

R: A tudás mint éberség az a bizonyosság, hogy kapcsolódsz az erődhöz. Megvan ez?

T: Igen.

R: És a kontroll: hajlandó vagy kozmikus erővé alakítani?

T: Ha megtanulom, hogyan kell csinálni.

R: Nem kell megtanulnod, hogyan kell csinálni, csak legyél a "kontroll vagyok". Amit önmagadon kívül látsz, azzal nem rendelkezhetsz. A "valahogy megtanulni" az a mód, ahogyan gyengíted magad, és az idő értékét beleteszed a sikeresség számításába, mintha az idő valóban létezne. Itt és most tudsz mindent, ami a jövőben lesz, és tudsz mindent, ami a múltban volt. Nincs idő, csak az van, amit teremtesz. Ha mozdulni szeretnél, abból a nézőpontból kell tenned, hogy "kontroll vagyok", feladva azt a nézőpontot, hogy ki kell találnod, hogy hogyan juss A-ból B-be. Az A-ból B-be jutás nem más, mint a "ha megtanulom". Megpróbálod a folyamatot és a saját sorsod kontrollálni úgy, hogy közben lekicsinyíted magad. Így nem leszel képes elérni semmit. Érted?

T: Igen.

R: Hajlandó vagy ránézni a haragodra?

T: Igen.

R: Akkor nézz rá. Milyen érzés?

T: Rossz.

R: És hol érzed, a tested melyik részében?

T: A mellkasomban.

R: Most vedd, és told ki másfél méternyire magadtól, a mellkasodtól. Told ki. Jó. Milyen érzés most? Könnyű vagy nehéz?

T: Nem túl nehéz.

R: De ez másfél méterre van tőled, igaz? Most ez a te dühöd - valódi?

T: Igen.

R: Az? Érdekes nézőpont. Ez csak egy érdekes nézőpont, ez nem a valóság. Te teremtetted, te vagy minden érzésed teremtője, az egész életednek te vagy a teremtője, mindennek, ami megjelenik számodra. Teremtesz, és ha időt kell tenned a számításodba, akkor tíz másodperces lépésekben tedd. Rendben, adunk neked egy választási lehetőséget. Van tíz másodperced leélni az életed hátralévő részét, vagy meg fog enni egy tigris. Mit választasz?

T: (nincs válasz)

R: Lejárt az időd, az életednek annyi. Tíz másodperced van az életed végéig, mit választasz? Hogy legyél látnok, vagy nem? Nem választottál, az életednek vége van. Van még tíz másodperced, hogy a maradék életed leéld, mit választasz?

T: Hogy legyek.

R: Igen, hogy legyél, válassz valamit. Ahogy választasz, úgy alkotod az életed, szóval válaszd, hogy a médium legyél, aki vagy, válaszd, hogy a kristálygömbben olvasol, tíz másodpercenként. Ha most bele kell nézned a gömbödbe és kapsz egy képet ebben a tíz másodpercben, meg tudod mondani, mi az?

T: Igen.

R: Igen, tudod. Most ennek az életednek vége, tíz másodperced van az életből, mit fogsz választani? A kép és a gömb és a beszéd; vagy nincs választás?

T: A kép és a gömb.

R: Jó, akkor válaszd, válaszd minden alkalommal. Minden tíz másodpercben újra választasz, újra választasz, indulj el. Te teremted az életed tíz másodpercenként. Ha nem a tíz másodpercekből teremtesz, akkor a jövő elvárásai alapján teremtesz, ami soha nem érkezik el, vagy a múlt tapasztalatai alapján gyengíted magad, és azt hiszed, hogy valami újat fogsz teremteni, miközben még mindig fenntartod ugyanazt a nézőpontodat. Csodálkozol, hogy az életed még mindig ugyanolyan? Nem választasz semmi újat, ugye? Pillanatról pillanatra azt választod, hogy "Nincs elegendőm, nem akarok dolgozni."

Most javasoljuk, hogy húzz ki a szótáradból pár szót. Öt szó van, amit ki kéne húznod a szótáradból. Az első: az *akarom*. Az akaromnak 27 olyan értelmezése van, ami "hiány"-t jelent. Többezer éven át az angol nyelvben a want (akar) hiányt jelentett, és több életen át angolul beszéltél. És ebben az életben hányszor használtad az akar szót úgy, hogy azt hitted vágyat teremtesz vele? Mit teremtettél igazából? Az akarat egyenlő a hiánnyal; hiányt teremtettél. Tehát nagyszerű és ragyogó teremtő vagy, gratulálj magadnak.

T: (Nevetés).

R: Második: *szükség*. Mi a szükség?

T: Hiány.

R: Ez a kimerülés abban, hogy tudod, hogy nincs neked, semmid nem lehet neked, ha szükséges. És a szükséget mindig a kapzsiság követi, mert próbálod megszerezni. Harmadik: *próbál*. Aki *próbál*, soha sem éri el, a *próba* a nem választás, a *próba* a semmittevés. Negyedik: hát a *miért*. A miért az útelágazás, és mindig visszamész az elejére.

T: Ezt most nem értem.

R: Figyelj egy kétévest, és talán megérted.

T: (Nevetés). Soha nem kapsz választ.

R: Ötödik: *De*. Valahányszor azt mondod, hogy "de", ellentétére változtatod az előtte lévőt. "Szeretnék menni, de nem engedhetem meg magamnak." Szóval, ne legyél szükség. A "szükségem van" azt jelenti, "nekem nincs", az "akarom" azt jelenti, hogy "hiányom van", a "megpróbálom"-mal azt mondod, hogy "nem teszem meg", a "de"... hát, az olyan, mintha csak paskolgatnád a popsidat. Következő kérdés.

HARMADIK FEJEZET

Mi az a három érzelem, ami felbukkan, amikor a pénzre gondolsz?

Raszputyin: Rendben, ki lesz az önkéntes a következő kérdéshez?

Tanuló: A hármas számúhoz?

R: A hármashoz. Igen. Mi a kérdés?

T: Mi az a három érzelem, ami felbukkan, amikor a pénzre gondolok?

R: Mi az a három érzelem, igen. Milyen három érzelmed van a pénzzel kapcsolatban?

T: Hmmmmm...

R: Három érzelem, amikor a pénzre gondolsz.

T: Az első, hogy nem igazán szeretem, de ez a félelem volt.

R: Félelem? Rendben. Milyen nézőpontodnak kell lennie, ha félelmed van a pénzzel kapcsolatban?

T: Nos, kicsit máshogy értelmezem, féltem a hiányától, ami...

R: Igen. Ez az, ami miatt ott van az érzelem, mert az alapfeltételezés...

T: Szükségem van rá.

R: Írd le.

T: És tépjem szét.

R: Írd le és tépd szét.

T: Egy borzasztó kérdést fogok feltenni.

R: Oké.

T: Oké, elmegyek a boltba, nekik szükségük van, akarnak valamit azért, amit elviszek tőlük. (Nevetés).

R: Akarás, akarás, mi is az akarás?

T: (Nevetés).

R: Hiány, igen, az *akarni* azt jelenti, hogy hiányzik nekik. Ez a másik piszkos szó, amit ki kell küszöbölnöd. De miért mész a boltba?

T: Hát élelmiszerért.

R: Rendben. Elmész a boltba ételért, miből gondolod azt, hogy *szükséges* enned?

T: Most biztos csak ugratsz. Hát tudom, hogy *szükséges*.

R: *Szükséges*? Írd le még egyszer.

T: *Akarás.*

R: Írd le és azt is tépd szét, a *szükséges* és az *akarás* nem megengedett.

T: De éhes leszek.

R: Biztos? Mindannyian húzzatok energiát a testetekbe, tegyetek bele energiát. Igen, éhesnek érzed magad? Nem. Miért nem eszel több energiát és kevesebb élelmet?

T: Nagyon jó lenne egy ideig, mert fogyni tudnék egy kicsit, de elkezdene fájni. (Nevetés).

R: Pontosan. Elég energiát szerezhetsz innen, akár egy hatalmas lufivá válhatsz.

T: Mi a helyzet a barátaimmal, akik átjönnek hozzám, beleértve azokat is, akik a házamban alszanak most?

R: Hát ki mondta, hogy etetned kell őket? Hogyhogy nem tudnak hozzájárulni az életedhez?

T: De, tudnak.

R: Az a félelem, hogy nem fogsz befogadni. A félelem az, hogy a pénz csak egy irányban működik, csak elmenni tud tőled. Bármikor, amikor félelmet érzel, megteremted a *szükséget* és a *kapzsiságot.*

T: Rendben.

T: A *szükség* tényleg a félelemből ered, uram?

R: Igen, félelmen alapul, a félelem hozza el a *szükséget* és a *kapzsiságot.*

T: Valóban?

R: Igen.

T: A mindenit, Igazad van. Azt hiszem, hogy most ismertem fel a hitrendszeremből még egy alapvető dolgot, amit nem tartottam valamit túl jónak.

R: Nem jó dolog befogadni.

T: Nem jó dolog, ha túl sok van.

R: Nem jó dolog befogadni.

T: Igen. Vagy befogadni másoktól.

R: Megkapni, és ennyi.

T: Igen.

R: Bárhonnan. Rendben. Mi... - ha félelemben vagy, nem vagy hajlandó befogadni, mert azt gondolod, hogy egy feneketlen kút vagy, és ahol élsz, az egy mély, sötét lyuk. A félelem mindig a lyuk benned - feneketlen hely. A félelem éri el, hogy szükséget, kapzsiságot érezz, és seggfejjé válsz a folyamatban. Rendben?

T: Rendben.

R: Következő érzelem.

T: Vágyakozás a többre.

R: Vágy, aha, igen. Mi is a vágy? Kimész, rázod a feneked, hogy többet kapj.

T: (Nevetés). Tudtam, hogy nem a legnagyszerűbb dolog.

R: A vágy azt jelenti, hogy automatikusan szükséges "többet szerezni". Vedd észre, hogy ez a "többet szerezni" egyfajta elégtelenség, ami együtt jár a félelemmel.

T: De nemcsak több pénzt szerezni, hanem...

R: Többet szerezni, és ennyi. A pénznek semmi köze az általad tapasztalt valósághoz. A pénz az, ami körül megteremted az üresség, a nem elég, az *akarat, szükség, vágy* és *kapzsiság* valóságát. És ez ugyanaz mindenki számára ezen a bolygón. Eddig így működött ez a világ.

Van egy nagyszerű példátok erre, abból az időből, amit a 80-as éveknek neveztek, és azóta is ez az igazság ezen a világon, mert akkor eldöntöttétek, mindannyian, hogy a pénz szükséglet. Szükséges. Mi a szükséglet? Valami olyan, ami nélkül nem tudsz meglenni, nem tudsz túlélni. Ti, mint lények, több millió életet túléltetek, és még csak nem is emlékeztek arra, hogy mennyi pénzetek volt, mennyi pénzt költöttetek már, és hogyan csináltátok ezt. De még mindig itt vagytok, és túléltek. És mindannyian képesek voltatok eljönni ide, hogy többet értsetek meg ezzel kapcsolatban.

Ne abból a feltételezésből működjetek, hogy ez egy szükség, ez nem szükség, ez a lélegzeted, ez az, ami te vagy, teljes mértékben pénz vagy. És amikor pénznek érzed magad, és nem szükségnek, kitágulsz. És amikor a pénzzel kapcsolatban szükségnek érzed magad, akkor lekicsinyíted magad, és ezzel megállítod az energiának és a pénznek az áramlását. A harmadik érzelmed?

T: Boldogság.

R: Aha! Boldogság milyen értelemben? Boldogság, mert pénz - boldogság, amikor elköltöd, boldogság, amikor a zsebedben van, boldogság, amikor tudod, hogy jön? Ha csak ránézel egy egydolláros bankjegyre, az boldogságot jelent?

T: Nem.

R: Melyik része jelenti neked a boldogságot?

T: Annak a tudása, hogy bizonyos dolgokat el lehet vele érni, meg lehet csinálni.

R: Tehát a pénz megvásárolhatja a boldogságot?

T: Hát, nem a megfelelő szót használtam, öhm...

R: Hogy fakad a boldogság a pénzből?

T: Nem feltétlenül abból jön. Egyáltalán nem.

R: Akkor mikor érzed a boldogságot a pénzzel kapcsolatban? Amikor elegendő van belőle? Amikor bőségesen van? Amikor biztonságot érzel?

T: Igen, biztonságot.

R: Biztonság. Érdekes nézőpont.

T: De nincs olyan, hogy biztonság.

R: Nos, van. Van biztonság. Van biztonság: az önmagadra vonatkozó éberséged tudásában és birtoklásában. Ez az egyetlen létező biztonság, az egyedüli biztonság, amit garantálni tudsz: hogy leéled ezt az életet, elhagyod ezt a testet, meglesz a lehetőséged, ha vágysz rá, hogy visszajöjj egy másik testbe és újra megpróbáld, hogy még nagyobb bőségben élő teremtmény legyél ebben a világban. De a boldogság benned van, van boldogságod, te vagy a boldogság - nem a pénztől kapod. A boldogsághoz mindössze annyi kell, hogy boldog legyél. És boldog vagy, kivéve, amikor azt választod, hogy szomorú vagy. Igaz?

T: Igaz.

R: Van olyan érzelme valaki másnak, amiről beszélni szeretne?

T: Hát én egy kicsit szeretnék még a félelemről beszélni.

R: Igen.

T: Mert borzasztóan nagy energiát fordítottam a félelem érzésére.

R: Igen.

T: És a félelem mögött, a félelem alatt mindig düh van.

R: Igen, pontosan így van. És mire vagy igazán mérges? Kire vagy mérges?

T: Magamra.

R: Pontosan. És mi az, ami miatt mérges vagy?

T: Az üresség érzése miatt.

R: Nem használod az erődet.

T: Aham.

R: Nem vagy önmagad, a teljességedben. Érzed?

T: Nagyon is.

R: Érezd a testedben, hogy hol van az, ahol félsz és dühös vagy.

T: Megvan.

R: Most fordítsd meg az ellentétes irányba. Most ez milyen érzés?

T: Megkönnyebbülés.

R: Igen, és így tudsz a félelemtől és a haragtól megszabadulni, hogy helyet teremts önmagadnak. Mert ha magadra nézel, egyáltalán nincs félelem az univerzumodban, ugye?

T: Nincs.

R: És az egyedüli harag, amit ki tudsz fejezni, mások felé irányul, mert valójában önmagadra vagy mérges, és arra, ahol megtagadtad, hogy az energiád teljességének igazságát felvállald. Így képes vagy az az erő és energia lenni, ami vagy? Engedd el, ne tartsd bent. Igen, így. Hurrá, megkönnyebbültél, így van?

T: Igen.

R: Ezt gyakorolnod kell, rendben?

T: Igen.

R: Lekicsinyítetted magad, mint mindannyian ebben a teremben, már évmilliárdok óta folyamatosan, hogy ne legyetek önmagatok, ne legyetek erő. És ezt úgy értétek el, hogy összenyomtátok a saját dühötöket. Érdekes, mi? Dühösnek lenni önmagadra. És itt nincs olyan, aki ne lenne dühös magára, mert nem engeditek meg magatoknak, hogy a teljes erőtökként létezzetek. Na ez felrobbantott néhány dolgot. Rendben, van még valaki, aki szeretne az érzelmekről beszélni?

T: Én szeretnék még a félelemről beszélni, az én nézőpontomból kiindulva. Amikor belekerülök a félelembe, összehúzódok, lezáródok.

R: És hol érzed ezt?

T: A napfonatomban.

R: Jó, fordíts ki, fordítsd ki. Igen, így. Most hogy néz ki?

T: Könnyel telinek.

R: Jó. És mi van a könnyek alatt?

T: Harag.

R: Harag. Igen, az ott, amit odakötöztél egy csomóval. Jól eldugtad, mi? Azt hiszed. Rendben, most engedd ki a haragot, engedd ki teljesen. Érezd a haragot, engedd, hogy kijöjjön belőled. Igen, így, ez az. Most figyeld meg a különbséget és a kitágulást. Érzed?

T: Igen, ez nagyon jó érzés.

R: Igen, nagyon jó. Ez a te igazságod, kiterjedsz, úgy, hogy kívül mész a testeden, és többé már nem kapcsolódsz ezekhez, ezen a helyen. Érezd, ahogy hagyod elmenni a haragot, ahogyan teljesen önmagadhoz kapcsolódsz, nem úgy, mint valamiféle spirituális entitás, hanem mint önmagad igazsága. Ilyenkor, ha ezt az igazságodból teszed, nyugalom és béke vesz körül. Engedd ki teljesen. Igen, így.

T: Engedem, értem.

R: Érzed, ez a bizalom abban, aki vagy, ez az erő. A másik az eltávolítás.

T: Ez olyan érzés, mintha megérkeznék önmagamhoz.

R: Pontosan. Ez a teljes kapcsolódás, teljes tudatosság, teljes éberség és kontroll. Milyen érzés innen a kontroll?

T: Nagyon más érzés, mint a másik kontroll.

R: Igen, a másik az volt, hogy próbáltad a haragodat kontrollálni, ugye?

T: Hát, azt hiszem.

R: Nos, végső soron próbálod kontrollálni a haragodat, mert valójában nem engeded meg magadnak, hogy ragyogj. Legbelül béke, nyugalom és pompa van. De betemeted a haraggal. Mivel azt hiszed, a haragod nem helyénvaló, lekicsinyíted magad. És megpróbálod kontrollálni, megpróbálsz mindent kontrollálni magad körül, hogy így elrejthesd önmagad elől. Akire mérges vagy, az te magad vagy. Legyél inkább békében önmagaddal. Igen, éppen így. Érzed?

T: Aha.

R: Igen, ez az. Ez vagy te. Érezd, ahogyan kitágul az energiád.

T: Oh, ez annyira más.

R: Rendkívül. Igen, ez az a dinamika, ami valójában vagy. Rendben.

T: És van ez a feketeség, és azt hiszem, nagyjából kontrollálom és…

R: Rendben.

T: Azt is tudom, hogy egy része most már a kontrollon kívül van.

R: És hol érzed a feketeséget?

T: Úgy tűnik, mintha én mennék bele, és nem a feketeség jönne belém, nem vagyok ebben igazán biztos.

R: Hol érzed? Magadon kívül? Magadon belül? Csukd be a szemed, érezd a feketeséget. Hol érzed?

T: Azt hiszem, a hasam alsó részénél, és utána hagyom, hogy elárasszon.

R: Jó. Tehát hogyan gondolkodsz, hogy érezz? Az elmédben van…

T: Oké, ez működik.

R: …hogy feketeséget tapasztalsz? Ez nem más, mint az az érzet, hogy a pénzhez nem kapcsolódik semmi más, mint a feketeség. Valahogy ennek a feketeségnek a gonoszhoz van köze, és így ezt egyáltalán nem megengedett befogadni. Így, érzed, ahogy átalakul? Alakítsd át, igen, így. Tedd fehérré, így, érezd, hogy kinyílik a koronád. Igen, és most az, amit feketeségnek hívsz, kifolyhat. Ami most a valóságod, az a jelen. Figyeld meg a különbséget az energiádban. Elengedted azt az elképzelést, azt az érzelmet, hogy a "gonosz", az valóság, mert ez valójában nem valóság. Ez csak egy érdekes nézőpont. Rendben? Vannak még érzelmek?

T: Szerintem a pénzzel kapcsolatban az ambivalencia a domináns érzelem.

R: Ambivalencia? Ambivalencia, igen. Mi az ambivalencia? Hol érzed?

T: A napfonatomban és az alsóbb csakráimban.

R: Igen, az ambivalencia arról szól, hogy nem ismered ezt a síkot. Olyan érzés, mintha a pénz valami olyanhoz tartozna, amit te nem értesz. Érzed az átalakulást az alsóbb csakráidban?

T: Igen.

R: Ez annak az eredménye, hogy kapcsolódsz ahhoz a tényhez, hogy éberség vagy, és éberségként pénz vagy, éberségként erő is vagy, és az összes csakrád energiához kapcsolódik, és te energia vagy. Így, létezik még az ambivalencia számodra?

T: Nem.

R: Jó. Rendben, egyéb érzelmek?

T: Nekem van egy.

R: Igen.

T: Undort és szégyent érzek.

R: Undor és szégyen, nagyon jó érzelmek. Hol érzed ezt?

T: Azt gondolom, hogy…

R: Te gondolod az érzéseket?

T: Nem. A hasamban és a tüdőmben van.

R: A hasadban és a tüdődben. Tehát, neked a pénz a levegővétel és az evés. Szégyen, fordítsd ki, utána mozdítsd ki a hasadból. Igen, érzed ezt? Érzed, ahogyan a hasi csakrád energiája megnyílik?

T: Igen.

R: Jó. Mi a következő érzelmed?

T: Undor.

R: Undor. A tüdődben. Undor, mert azt gondolod, meg kell fulladnod, hogy hozzájuthass. Meg kell fojtanod magad, hogy pénzhez juss, a te nézőpontod szerint. Ez valós?

T: Igen.

R: Igen?

T: Nem, nem, nem.

R: Rendben.

T: Felismerem, mint…

R: Ahogyan működsz?

T: Igen.

R: Jó. Most fordítsd meg ezt a lélegzetet, és fújd ki az egészet. Jó, most lélegezz be pénzt. Jó, és fújd ki a szégyent. Aztán lélegezz be pénzt a tested összes pórusán keresztül, és fújd ki az undort. Igen, most milyen érzés, kicsit szabadabb?

T: Igen.

R: Jó. Valaki szeretne még valamilyen érzelemről beszélni?

T: Félelem...

R: Félelem, milyen egyéb érzelmek?

T: Szorongás és megkönnyebbülés.

R: A pénz megkönnyebbülést ad neked?

T: Igen.

R: Mikor?

T: Amikor eljön hozzám.

R: Öö, érdekes nézőpont. Szorongás és félelem, nézzük először ezeket, mert ezek ugyanazok. Hol érzel félelmet és szorongást? Melyik testrészedben?

T: A hasamban.

R: Has. Rendben, nyomd ki a hasadból, egy méterrel magad elé. Hogy néz ki?

T: Iszapos és zöld.

R: Iszapos?

T: Igen.

R: Igen. Mi az oka annak, hogy iszapos és zöld?

T: Az, hogy nem tudom kontrollálni.

R: Aha, érdekes nézőpont, nincs kontroll. A helyzet az, hogy nem létezel "kontroll vagyok"-ként, ugye? Azt mondod magadnak, hogy "nem tudok kontrollálni, nem vagyok kontrollban". Ez a mögötte lévő feltételezés, amiből működsz. "Nem vagyok kontrollban, nem vagyok kontroll." Tehát, nagyon ügyesen létrehoztad a félelmet és a szorongást.

T: Igen.

R: Jó, nagyszerű és ragyogó teremtő vagy, szép munka! Gratulálsz magadnak a teremtő kreativitásodért?

T: A szégyennel kapcsolatban, igen.

R: Aha, érdekes nézőpont. Miért a szégyennel?

T: Mert nem ismertem jobbat.

R: Igen, de nem számít, hogy ismertél-e jobbat. Az számít, hogy most már érted, hogy teremtő vagy, nagyszerű teremtési munkát vittél véghez, ami azt jelenti, hogy választhatsz mást, és teremthetsz más eredményt.

T: Ehhez fegyelem kell.

R: Fegyelem? Nem.

T: Szerencse.

R: Nem, erő! Energia vagy erőként, "erő vagyok, éberség vagyok, kreativitás vagyok, kontroll vagyok, pénz vagyok". Rendben? Így tudsz változást teremteni, azzá a "… vagyok"-ká válsz, aki valójában vagy, ahelyett a "… vagyok" helyett, aki eddig voltál. Kezdj el ránézni, hogy hol teremtettél szilárd nézőpontot a pénz körül, és hogy ez milyen érzés. Amikor úgy érzed, hogy hatással van egy testrészedre, lökd ki magad elé, és kérdezd meg magadtól: "Mi a mögötte lévő nézőpont, amiből működök, amit még csak nem is látok?". És engedd meg magadnak, hogy megkapd a választ. És utána engedd meg, hogy a válasz csak egy érdekes nézőpont legyen.

És most mit választhatok? Azt választom, hogy "kreativitás vagyok, éberség vagyok, kontroll vagyok, erő vagyok, pénz vagyok". Ha azt teremted, hogy "nem vagyok" vagy "nem tudok", nem leszel rá képes. Szintén gratulálj magadnak azért, amit létrehoztál, és ezt nagyszerű, ragyogó módon tedd. Nincs semmi baj azzal, amit létrehoztál, úgyhogy tedd meg nagyszerűen és ragyogón. Semmi rossz nincs abban, amit létrehoztál, ez csak a te ítéleted róla. Ha az utcán egy hajléktalan nő lennél, az jobb vagy rosszabb teremtés lenne, mint amit eddig teremtettél?

T: Rosszabb.

R: Érdekes nézőpont.

T: Nem az, ha nem tudod.

R: Így van, nem az, ha nem tudod. Most viszont már tudod, hogy van választásod, tudsz teremteni. Mi történne, ha a szomszédod azt mondaná, hogy nem lesz a héten fizetésed, mert "Elveszem az összes pénzedet, hogy megjavítsam a kerítést, amit szétromboltál"?

T: Érdekes nézőpont.

R: Pontosan, ez egy érdekes nézőpont, semmi más. Ha ellenállsz vagy reagálsz rá, megszilárdítod, így a szomszédod elveszi a pénzed.

T: Szóval azt mondod, hogy ha valaki kitalál valami negatívat…

R: Ez minden pénzzel kapcsolatos nézőpontra igaz.

T: Rendben, ez egy érdekes nézőpont.

R: Igen, érezd az energiádat, amikor ezt csinálod.

T: Oké, és utána menjek bele egyből a "… vagyok"-ba?

R: Igen.

T: Felfogtam. Egyre világosabb.

R: És amikor azt érzed, hogy a testedhez kötődik egy bizonyos nézőpont, egyfajta szorongás vagy félelem, akkor miről van szó?

T: Ilyenkor ki kell venned és el kell löknöd magadtól.

R: Igen. És amikor szorongást vagy félelmet érzel a hasadban, akkor azt mondod, hogy nem vagy igazán jóllakott?

T: Nem.

R: Arról beszélsz, hogy nem vagy eléggé jól táplált? Szóval miről is beszélsz? A test az, amiről beszélsz. A pénzt úgy érzed, mint a tested funkcióját, mintha egy három dimenziós valóság lenne. A pénz tényleg három dimenziós valóság?

T: Nem.

R: Nem, nem az, mégis próbálod azzá tenni. Nézz rá a pénzzel kapcsolatos nézőpontjaidra: a pénz biztonság, ház, számlák, étel, menhely, ruhák. Igaz ez?

T: Hát ezeket lehet vele megvásárolni.

R: Igen, ezeket veszed meg vele, de ezt azért teszed, mert ezt választod, vagy nem?

T: Oh, a szükséglet.

R: Azt választod abban a tíz másodpercben. Szükséglet, mi? Érdekes nézőpont. A szükség alapján választod azt is, hogy milyen ruhát vegyél fel?

T: Igen.

R: Komolyan?

T: Igen, komolyan.

R: Nem azért választod, mert csinosak vagy mert jól nézel ki bennük?

T: Legtöbbször csak az a feladatuk, hogy melegen tartsanak.

R: És mi a helyzet nyáron, amikor bikiniben vagy?

T: Olyankor hűtöm magam, és jól nézek ki. (Nevetés).

R: Tehát a választást nem szükséglet, hanem az alapján hozod meg, hogy mit szeretnél érezni, igen? Érezni?

T: Igen, de szükséges...

R: De! Dobd el ezt a szót.

T: Jajj. (Nevetés). Még mindig szükséges, hogy legyen cipőd és szükséges, hogy...

R: Miért lenne szükséges, hogy legyen cipőd, mezítláb is tudsz járni.

T: Lehet, hogy tudok, de...

R: Persze, hogy tudsz!

T: Szükségem van rá, hideg van odakint.

R: Szükséglet, mi?

T: Fehérnemű...

R: Szükséglet, mi?

T: Kell, hogy legyen neked.

R: Ki mondta? Honnan veszed, hogy nem tudsz beszélni a testeddel, és nem kérheted meg, hogy melegítsen fel téged?

T: Akkor mi van a...

R: Neked, mint lénynek, nincs is szükséged testre.

T: Hát, az pompás lenne.

R: Ez pompás.

Osztály: (Nevetés).

R: Igen?

T: Hát, kell, hogy legyen kajád, cipőt hordasz.

R: Nem hordunk semmit. Gary hord cipőt, mert ő egy nyúlbéla, és nem hajlandó anélkül járni a hóban.

Osztály: (Nevetés).

R: Azt gondolja, hideg.

T: Hát az is.

R: Nos, ez érdekes nézőpont. Ki kéne próbálnod Szibériát, ha hideget szeretnél.

T: És amikor a gyerekeid éhesek?

R: Hányszor volt, hogy hagytad, hogy éhesek legyenek a gyerekeid?

T: Néhányszor.

R: És meddig voltak éhesek?

T: Egy éjszakán át.

R: És mit csináltál?

T: Szereztem pénzt az apámtól.

R: Teremtettél, nemde?

T: De igen.

R: Gratuláltál magadnak a kreatív, teremtő képességeidért?

T: Hát, megköszöntem apukámnak.

R: Nos, ez is egy módja a teremtésnek. Kreativitás; a kreativitás, az önmagad éberségként való létezése. Legyél "kreativitás vagyok", "éberség vagyok", "erő vagyok", "kontroll vagyok", "pénz vagyok". Ellenállsz; a *"de"*, *"szükséges"*, *"miért"*, *"muszáj"*, *"ez egy szükséglet"* mind a *"nekem ez nem lehet"* és az *"ezt én nem érdemlem meg"* különböző nézőpontjai. Ezek azok a mögöttes helyek, amikből működsz. Ezek azok a nézőpontok, amik az életedet teremtik. Innen szeretnél teremteni?

T: Hát, ezeket látom a pénzzel kapcsolatban.

R: Igen, de csak azért, mert másnak látod a pénzt. Miként látod a pénzt – minden gonosz forrásaként?

T: Igen.

R: Kié ez a nézőpont? Valójában nem a sajátod, ezt bevetted. Az ördög csináltatta ezt velem, mi? Ez olyan valóság, amit nem a kreativitásod részeként hozol létre, hanem valami másként.

T: Tehát, ha elmondom magamnak az összes "... vagyok"-ot, az pénzt fog hozni a zsebembe?

R: Elkezd a zsebedbe kerülni a pénz. Valahányszor kételkedsz, elkezded lebontani a megalapozást, amit teremtesz. Nézzük így, hányszor mondtam már, hogy "Pénzt akarok"?

T: Minden nap.

R: Minden nap. "Pénzt akarok." Ilyenkor azt mondod, hogy "Hiányom van a pénzből". Mit teremtettél?

T: Dehát ez igaz.

R: Ez igaz? Nem, ez egy érdekes nézőpont. Megteremtetted pont azt, amit mondtál: Pénzt akarok. Lehet, hogy tudattalanul, de megteremtetted.

T: És mi van akkor, ha meg akarom nyerni a lottó ötöst?

R: Ha "hiányod lenne" a lottó ötös megnyeréséből, pontosan ezt teremtenéd – hiányt a lottó ötös megnyeréséből.

T: Az érzékelés erejéről beszélünk.

R: A szavaid és az éberséged ereje teremti meg a világod valóságát. Szeretnél egy egyszerű gyakorlatot? Mondd, hogy "Nem akarok pénzt".

T: Választhatnánk valami mást inkább?

R: Mondjátok, hogy "nem akarok pénzt".

T: Nem akarok pénzt.

R: Mondjátok, hogy "nem akarok pénzt".

T: Nem akarok pénzt.

R: Mondjátok, hogy "nem akarok pénzt".

T: Nem akarok pénzt.

R: Mondjátok, hogy "nem akarok pénzt".

T: Nem akarok pénzt. Ez nekem negatívnak tűnik.

R: Tényleg? Az negatív, hogy "nincs hiányom a pénzből"?

T: De, mi akarunk pénzt.

R: Nem akartok pénzt!

R: Így. Nem akarok pénzt. Érezzétek az energiáját, hogy érzitek magatokat, amikor azt mondjátok, hogy "nem akarok pénzt". Az *akarni* azt jelenti, hogy hiányzik, folyamatosan próbálsz ragaszkodni a definícióhoz. Pénz vagyok. Nem lehetsz "van pénzem", nem lehet valamid, ami nem vagy te magad. "Pénz vagyok"-ként már önmagában kreativitás vagy, de te inkább bőséges hiányt teremtettél, ugye?

T: Igen.

R: Jó, szóval most már ki tudod mondani, hogy "nem akarok pénzt"?

T: Nem akarok pénzt. (Sokszor ismételve).

R: Most érezd az energiád, könnyebb vagy. Érzed?

T: Igen, szédülök.

R: Azért szédülsz, mert miközben ezt teremtetted, létrehoztad a valóság struktúrájának a lebontását is. Ezt mindannyiótokra igaz; mondjátok magatoknak, és érezzétek a megkönnyebbülést és a több nevetést az életetekben, amikor azt mondjátok, hogy "Nem akarok pénzt".

T: Mondhatod, hogy "gazdag vagyok"?

R: Nem!! Mi az, hogy gazdag?

T: Boldogság.

R: Tényleg? Azt hiszed, Donald Trump boldog?

T: Nem a pénzügyi gazdagságra gondoltam.

T: Ó, mintha a pénz irányítaná, hogy mit kell tennünk.

R: Ez érdekes nézőpont, honnan vetted?

T: Mert...

R: Honnan vetted ezt a nézőpontot?

T: Onnan jött, hogy azt gondoltam...

R: Látod, a gondolkodás folyton csapdába ejt. (Nevetés). Jó érzés volt?

T: Nem.

R: Nem, nem jó érzés, nem igaz. Ha azt mondod, "gazdag vagyok", az jó érzés?

T: Az jó lenne.

R: Ó, érdekes nézőpont – jó érzés lenne? Honnan tudod, voltál már gazdag?

T: Hát, volt pénzem, amikor...

R: Voltál már gazdag?

T: Nem.

R: Nem. Lehetsz gazdag?

T: Igen.

R: Tényleg? Hogy lehetnél gazdag, amikor csak azt tudod mondani, hogy "ha az lennék"? A jövőbe nézel, és csak elvárásokat látsz, hogy milyennek kellene lennie, és nem azt, hogy milyen valójában.

T: Ez, ez olyan, mintha lenne egy főnököd, aki majd fizet neked, és ezért meg kell csinálnod, amit mond, és meg kell...

R: Van főnököd, aki fizet neked?

T: Jelenleg nincs, de...

R: Ez nem igaz, van főnököd, aki fizet neked, és nem igazán fizet jól, mert nem fogad el pénzt azért, amiért elfogadhatna. Te vagy az, drágám! Te vagy a főnököd. Teremtsd az üzleted, teremtsed az életed és engedd meg, hogy eljöjjön hozzád. Bezárod magad a szekrényedbe, és azt mondogatod, hogy "nem tudom, nem tudom, nem tudom". Ki teremti ezt a nézőpontot? Mi történik, ha azt mondod, hogy "tudom, értem", ahelyett, hogy "nem tudom, nem értem"? Mi történik az energiáddal? Érezd az energiádat.

T: Megakadtam azon a ponton, ahol a gyerekek nem kapnak ingyen enni.

R: Ki mondta, hogy pénz nélkül lennél? Te mondtad, feltételezted, hogy nem lesz pénzed, hacsak nem csinálsz valamit, amit utálsz. Milyen gyakran látod mókának a munkát?

T: Soha.

R: Ez itt a nézőpont; ez a mögöttes nézőpont. És azt mondod, hogy a kristálygömbbel dolgozás a munkád. És soha nem látod magad úgy, mint aki jól érzi magát. Szereted, amit csinálsz?

T: Igen.

R: Ha szereted, amit csinálsz, akkor hogy lehet, hogy nem engeded meg magadnak a befogadást?

T: Nem tudok még eleget, több információra van szükségem.

R: Nincs szükséged több információra, van tízezer életed, amiben kristálygömb olvasó voltál. Akkor mit is lehet mondani a tanulásról azon kívül, hogy... ó... szar?

Osztály: (Nevetés).

R: Lebuktál, lebuktál, most már nincs hova bújnod.

T: Szóval elmondtam, amit láttam a gömbben, és nem volt pontos, és seggfejnek éreztem magam.

R: Igen. (Nevetés). Honnan tudod, hogy nem pontos?

T: Hát.......

R: Hát?

T: Nem tudom.

R: Vissza fognak hozzád jönni?

T: Nem tudom.

R: És amikor a következőnek csinálod, és neki jól csinálod, ő vissza fog jönni?

T: Igen, azt mondanám, igen.

R: Akkor hogyhogy azt mondod, hogy még nem tudod? Kinek hazudsz?

T: Micsoda?

R: Kinek hazudsz?

T: Hát izé.....

R: Kinek hazudsz? Kinek hazudsz?

T: Esküszöm, nem tudom, mit látok.

R: Ez nem igaz, ez nem igaz. Hogy lehet, hogy vannak olyan ügyfeleid, akik visszajönnek hozzád, akik...

T: Nekik jól csináltam.

R: Igen, jól csináltad. Mi hiteti el veled, hogy nem csinálod mindig jól? Hány ügyfeled nem jön vissza hozzád?

T: Nincs ilyen.

R: Hát ez nehéz eset, nehéz lesz meggyőznünk őt, ugye? Biztosítani fogja, hogy ne legyen pénze, bősége és jóléte az életében. Érdekes főnököd van. Nemcsak nem fizeted meg magad jól, hanem még el sem ismered, hogy elég üzleted van. Azért, hogy tudd, hogy jól megy neked, teremtettél olyan ügyfeleket, akik újra és újra visszajönnek. Tudod, hogy mennyi új ügyfél kellene ahhoz, hogy bőség legyen az életedben?

T: Talán plusz harminc hetente.

R: Jó, tehát meg tudod engedni, hogy hetente plusz harminc ügyfél bejöjjön a teredbe?

T: Igen, minden gond nélkül.

R: Gond nélkül?

T: Gond nélkül.

R: Biztos vagy benne?

T: Igen, biztos.

R: Jó, és meg tudod engedni magadnak, hogy legyen százezer dollárod? Egymillió dollárod?

T: Igen.

R: Tízmillió dollárt?

T: Igen.

R: Jó, egy kicsit már változtál, köszönjük szépen, mindannyian nagyra értékeljük. Teremtő vagy, nagyszerű és ragyogó teremtő. Minden alkalommal gratulálj magadnak, amikor megcsinálsz egy kristálygömb olvasást, amit szeretsz. És szeretetből tedd a munkát, ne legyél munka, legyél buli. Legyen buli, amit csinálsz, ne pedig munka. A munka olyan szar érzés, a buli az buli, örökké csinálhatod. Te teszed azzá, ami nem más. Tankolhatsz és közben bulizhatsz, moshatsz ablakot és közben bulizhatsz, pucolhatsz wc-ket és közben bulizhatsz. Kifizetnek érte, és nagyszerű és ragyogó jólétben lesz részed. De, csak akkor, ha számodra ez bulis. Ha munkaként tekintesz rá, akkor máris megteremtetted, hogy utálnod kell. Mert ez a sík erről szól: a munka nehézség, bonyolult és fájdalmas. Érdekes nézőpont, mi?

T: Mi van, ha nem tudod, hogy mit akarsz csinálni?

R: De tudod.

T: Tudom, de azelőtt, mielőtt rávezettek, nem tudtam.

R: És hogyan vezettek el a gömbhöz? Megengedted, hogy összekapcsolódjon az intuíció a látással, és megkérted a kozmoszt, hogy rendezze át magát az elképzelésednek megfelelően, és hogy adja meg, amit szeretnél. Te teremtetted, mint elképzelést, rendelkeztél arról a lényed erejének tudásával, éberségével, bizonyosságával, hogy megtörténjen, és megvolt a kontroll ahhoz, hogy megengedd az univerzumnak, hogy megadja neked. Így már meg is van a négy elemed, ahhoz, hogy "pénz vagyok" lehess. Megvan?

NEGYEDIK FEJEZET

Milyennek érzed a pénzt?

Raszputyin: Jó. Tehát a következő kérdés - ki szeretne önként jelentkezni?

Tanuló: Én szeretnék.

R: Igen. Mi a következő kérdés?

T: Milyennek érzed a pénzt?

R: Milyen érzés, így van.

T: Akkor ez különbözik a pénzzel kapcsolatos érzelmektől?

R: Hát, nem feltétlenül.

T: Azt írtam, hogy "Ó, nagyszerű".

R: Szóval milyennek érzed a pénzt?

T: Jelen pillanatban nagyon zavaros.

R: Zavaros. Azt érzed, hogy a pénz, ez az összezavarodás, ez egy érzelem?

T: Egy érzelem és egy gondolat.

R: Ez egy elmeállapot, igen.

T: Igen.

R: Nos, emlékszel, amikor a szédülésről beszéltünk?

T: Igen.

R: Kinyitottad a koronacsakrádat, és megengedted, hogy eltávozzon? Az összezavarodás egy teremtett kép a pénzről. Mit kellene feltételezned ahhoz, hogy összezavarodj? Azt, hogy nem tudod. Az lenne a feltételezés, hogy "Nem tudom, és tudnom kellene".

T: Ezért érzem zavarosnak.

R: Így van. "Nem tudom, tudnom kellene". Ezek ellentétes nézőpontok, amik összezavarodást teremtenek, és ezek csak érdekes nézőpontok. Érzed a változást, amikor ezt mindegyikről egyesével elmondod? Tudnom kellene, nem tudom. Érdekes nézőpont, hogy nem tudom. Érdekes nézőpont, hogy tudnom kellene. Érdekes nézőpont, hogy nem tudom. Érdekes nézőpont, hogy tudnom kellene. Most milyennek érzed az összezavarodást?

T: Hát, leszámítva azt a tényt, hogy én...

R: Hát persze.

T: Nekem, ebben a pillanatban nagyon valótlannak tűnik, mármint az már tiszta így önmagában, hogy haladok a pénz, az energia, az erő és a kreativitás felé, egészen addig, amíg konkrétan a pénz nem kerül bele a képbe, amíg nem kell, hogy ténylegesen legyen pénzem.

R: Itt milyen feltételezésből működsz?

T: Hogy van itt valamilyen valóság, amit nem értek.

R: Pontosan.

T: Ez az igazi probléma.

R: Ez nem probléma, ez a feltételezés, amiből működsz, ami automatikusan azt mondja neked, hogy ez különbözik a te valóságodtól. Azt feltételezed, hogy a fizikai valóság nem ugyanaz, mint a spirituális valóság, annak a valósága, aki valójában vagy. Hogy ez a letisztultság nem létezik ezen a síkon, hogy ezt a letisztultságot erre a síkra soha nem hozhatod el.

T: Így van.

R: Ezek feltételezések, ezek hamis információk, amik alapján teremtetted a valóságodat.

T: Hát, összezavar az is, hogy úgy látom, vannak más lények, akiknek más valóságuk van, és úgy tűnik, hogy másoknak nincs ilyen összezavarodásuk. Maguknak az embereknek, a nézőpontjainak, az embereknek az utcámban, az embereknek a boltban.

R: És ezzel kapcsolatban miről is beszélsz? Hogy vannak más valóságok? Hogy más embereknek más valóságaik vannak? Igen, van néhány...

T: Egy másik nézőpontból, és hogy...

R: Van itt bárki, aki nem azonosult azzal, amit mondott? Itt mindenkinek ugyanaz a nézőpontja, mint neked.

T: Úgy érted mindannyian összezavarodtak?

R: Igen. Itt mindenki azt hiszi, hogy nem hozhatod el a spirituális világot a valóságba, a fizikai valóságba, és az utcán lévő összes embernek is ez a nézőpontja. És kizárólag azok képesek a saját valóságukat megteremteni, és még ők is csak egy kicsit képesek rá, akik nem veszik be ezt a nézőpontot, akik nem feltételezik, hogy ez abszolút lehetetlen.

Ha az életed fókuszában a pénzcsinálás áll, és egyetlen célod az életben, hogy Donald Trump, Bill Gates legyél, mindegy melyikük, ugyanaz a kép. Ugyanaz a személy, másik test, ugyanaz a személy. Az életük a pénzcsinálásról szól, minden, amit tesznek, a pénzről szól. Miért kell ilyen sok pénzt csinálniuk? Mert ugyanúgy, mint te, biztosak benne, hogy jövő héten el fog fogyni.

T: Ez nem csak egy játék számukra?

R: Nem, ez nem csak egy játék nekik, abból a nézőpontból működnek, hogy nincs elég, és soha nem lesz nekik elég, mindegy, mit tesznek. Csak egy másik színvonal, ennyi.

T: Azt mondod, hogy ezek az emberek nem éreznek egy bizonyos szabadságot a vagyonuk által?

R: Azt hiszed, Donald Trump szabad?

T: Valamilyen értelemben, igen, ezt gondolom.

R: Komolyan? Vezethet limuzint; ez szabadságot ad neki, vagy ez azt jelenti, hogy testőrökre van szüksége azért, hogy megvédjék őt mindenkitől maga körül, akik el akarnák venni a pénzét? Szabadságot ad neki, hogy van 27 ember, aki minden nap pénzt akar tőle szerezni?

T: A szabadság illúzióját adja.

R: Nem. Azt az illúziót adja, hogy ez a szabadság. Csak azért gondolod, hogy ez szabadság, mert neked nem ez van. Nem szabadabb nálad, csak több pénze van, amit elkölthet olyan dolgokra, amire nincs szüksége. Úgy gondolod, hogy ő nagyobb lélek, mert több pénze van?

T: Nem, biztos, hogy nem.

R: Ettől ő kisebb lélek?

T: Nem.

R: Ó, érdekes nézőpontotok vannak itt, srácok. (Nevetés). Mindannyian azt gondoltátok, csak nem mertétek kimondani, hogy "Hát, az rosszabbá teszi őt, hogy több pénze van".

T: Igen, igazad van.

R: Igen, erre gondoltatok, nem mondtátok ki, de ezt gondoltátok.

T: Hát, ez azt jelenti, hogy valakinek kontrollálnia kell mindent körülötte.

R: Tényleg? Igen, ő kontrollál, kontrollálja a Napot, a Holdat, a csillagokat, teljes kontrollal rendelkezik ezek felett.

T: De a kontrolláló emberek nem……

R: Ó, kontrolláló emberek, tehát ez számodra a nagyszerűség mércéje.

T: Nem a mércém, nem, nem, nem. Nem a mércém. Gatesről, Trumpról és az ő felvásárlásaikról beszélünk, hogy meghatározzuk a kontrollját.

R: Ő valóban kontrollként létezik?

T: Nem. Én…

R: Vagy őt kontrollálja, hogy szüksége van a pénzre? Teljesen bedobozolja az életét az a szükség, hogy több és több és több pénzt kell teremtenie. Mert csak így érzi magát elegendőnek.

T: De azt is gondolom, hogy az energiát, amit arra használ, hogy elnyelje…

R: Rendben, íme még egy szó, amit személyesen neked kell kitörölnöd a szótáradból.

T: Mi az?

R: De.

T: De?

R: De. Valahányszor mondanak neked valamit, a 'de' segítségével semmibe veszed. (Nevetés).

T: Ez igaz...

R: Sokatoknak igaz: legtöbben, amikor kaptok egy információt, azonnal ellentétes nézőpontot kezdtek létrehozni, mert az eredeti információ nem igazodik hozzátok, és nem tudtok vele egyetérteni. Mivel nincs hozzáigazodás vagy egyetértés, így ellen kell állnotok vagy reagálnotok kell rá. Valójában csak egy érdekes nézőpont, hogy ezt a férfit a pénz hajtja.

T: Ezt akartam mondani, de...

R: Nem, van még egy nézőpontod, ami szintén csak érdekes nézőpont, semmi más.

T: Igen, ezt már tanulom.

R: Nincs értéke. Valahányszor létrehozol egy megfontolást a pénzről, korlátokat teremtesz magad köré. Saját magad köré! És valahányszor elmondod másnak a nézőpontodat, ő köré teremtesz korlátokat. Szabadságot szeretnél teremteni? Akkor legyél szabadság. A szabadságban semmiféle megfontolás nincs!!

Hogy nézne ki a világ, ha manifesztálnád az összes könnyedséget, könnyedén, örömmel és ragyogóan, mindenféle korlátozásokról szóló megfontolások nélkül? Ha végtelen gondolatod, képességed és megengedésed lenne, akkor lenne vajon az utcán graffiti, lennének-e hajléktalanok, lenne-e háború, lenne-e pusztulás, lennének-e hatalmas hóviharok?

T: Akkor mi a különbség, nem lenne időjárás?

R: Ha nem lenne nézőpontod a hatalmas hóviharokról, lenne időjárás, viszont nem lenne szükséges, hogy legyenek hóviharok. Amikor hallják a TV-ben, hogy havazás várható, elkezdenek manifesztálni, elkezdenek arról beszélni, hogy milyen hatalmas vihar lesz. Vihar 1996-ban, a második vihar 1996-ban, nagy és hatalmas hóvihar lesz, pusztulást fog előidézni, úgyhogy jobban tennéd, ha azonnal elindulnál a boltba, hogy még több dolgot megvásárolj. Hányan veszitek be ezt a nézőpontot és kezditek el ez alapján teremteni az életeteket?

T: A bevásárlás részt nem csinálom, inkább a parkban töltöm a délutánt.

R: Bevettétek a nézőpontot, erről beszélünk. Azonnal eldöntöttétek, hogy igaz. Ne hallgassatok a TV-re, inkább dobjátok ki. Vagy csak olyan műsorokat nézzetek, amik teljesen bugyuták. (Nevetés). Nézzetek "Scooby Doo"-t. (Nevetés). Nézzetek rajzfilmeket, több bennük az érdekes nézőpont. Ha a híradót nézitek, depressziósok lesztek, és sok mindent be fogtok venni arról, hogy mi a pénz.

Rendben, hol is tartottunk? Oké, menjünk csak oda vissza. Összezavarodás, most már érted, hogy mi a helyzet ezzel?

T: Nem.

R: Rendben. Mit szeretnél még itt megérteni? Te teremted az összezavarodást.

T: Ki vagyok én? Egy test vagyok? Te itt vagy? Van még itt valaki más? Van olyan, hogy valóság? Van olyan, hogy különbség? Mi a franc a létezés? Te tiszta energia vagy, vagy minden, és nincs elkülönülés a szellem, a lélek és a tudatosság között, hogy ez így van, így van, így van, így van? Semmiről nem kell mondani semmit, szóval az összes szenvedés, az összes bánat és az összes illúzió, és az összes elkülönülés, és az összes összezavarodás, hát, mik ezek? Mi ez?

R: Teremtés.

T: Aha.

R: Megteremtettél....

T: Szóval ezen a szinten teremtünk olyan dolgokat, mint az emberek, az ego, egyéniség, olyan megfontolások, hogy létezik valami pénznek és pozíciónak nevezett dolog, és ezek mind teremtések, ami azt jelenti, hogy ha a Wall Streeten vagyunk, vagy ha az USA 1996-os történelmét csináljuk, akkor egyetértünk, hogy te és ez az összes többi ember együtt léteztek. Ezt nem értem.

R: Miért nem érted?

T: Mindenki más te vagy, és te mindenki más vagy.

T: Ez valami...... Ezt nem értem.

R: Különállónak, másnak, legyengültnek és haragnak teremted magad.

T: Annyira frusztrált vagyok.

R: Igen, de valójában ez alatt a harag lakozik.

T: Ó, igen.

R: Mert erőtlennek érzed magad, ebből az alapfeltételezésből működsz, és mindig ez a feltételezés alapozza meg az összezavarodást. Minden összezavarodás arra az elképzelésre épül, hogy nincs erőd és nincs képességed.

T: De tényleg nincs.

R: De van.

T: Úgy érzem, hogy nincs.

R: Nézz rá az életedre, nézz rá az életedre, hogy mit teremtettél. Hatalmas mennyiségű pénzzel kezdted? Egy palotával indultál, és elveszetted az egészet? Vagy teremtettél és teremtettél, majd összezavarodtál ezzel kapcsolatban, belementél a kételybe, abba az érzésbe, hogy nem vagy elég erős, hogy kontrolláld vagy tudd, hogy hogyan kontrollálhatod, és aztán elkezdett eltávolodni tőled, mert összezavarodást és kételyt teremtettél magad körül?

Igen, ebbe az irányba ment el az életed, de ebből semmi nem a te igazságod. Neked lényként minden erőd megvan ahhoz, hogy megteremtsd az életedet, képes vagy rá, meg fogod csinálni, és az egész nagyszerűbb módon fog összeállni, mint amit el tudsz képzelni. De ez úgy jön el, hogy van hited, ez mindannyiótokra vonatkozik. Hited önmagadban, hited abban, hogy te teremtetted azt a valóságot, ami most létezik, és éberségedben, hogy hajlandó vagy megváltoztatni. Hogy már nem kívánsz az lenni többé. Csak ennyi kell hozzá: a hajlandóság, hogy megengedd, hogy más legyen.

T: Tehát amikor változások történnek, az összezavarodott tudatosság az, ami még több vérengzést és hajléktalant teremt? Hova kerül a tudatosság, hova mennek a sötét entitások, amiket teremthettem, vagy az a részem, ami már teljesen elkülönült azoktól a nézőpontoktól, amiket a TV-ben látok, vagy a hajléktalanoktól látok, hova megy mindez, ha azt mondom, hogy "Hát, ez nem az én valóságom, én nem hiszek ebben, nem választom ezt többé"?

R: Nem ez a baj, te ezt az egészet ellenállásból teszed.

T: Aha.

R: Ugye? Ahhoz, hogy változás lehessen, megengedésben kell lenned, nem ellenállásban, reakcióban, egyetértésben vagy hozzáigazodásban. A megengedés...

T: Hajlandó vagyok megengedni, csak szeretném megérteni, hogy hol...

R: Ellenállásban vagy, mert olyan dolgot próbálsz megérteni, ami valójában nem létezik. Mások a saját szabad akaratuknál és választásuknál fogva szintén valami olyan dologból teremtenek, ami nem létezik, ami nem más, mint folyamatos elfogadás, egyetértés, hozzáigazodás, reakció és ellenállás.

Ezek az elemek működtetik a világodat; neked ahhoz, hogy ezt meg tudd változtatni, megengedésből kell működnöd. És valahányszor megengedésben vagy, megváltoztatod magad körül az embereket. Valahányszor kemény nézőponttal támadnak le, és képes vagy azt mondani, hogy "Á, ez egy érdekes nézőpont", és képes vagy megengedésben lenni, megváltoztatod a világ tudatosságát, mert nem veszed be, nem teszed szilárdabbá, nem értesz egyet vele, nem állsz neki ellen, nem reagálsz rá és nem teszed valóssá. És amennyire megengedésben vagy másokkal, legyél annyira megengedésben magaddal is, máskülönben felvásárolod az egész boltot, és utána a hitelkártyáiddal fizetheted ki.

T: És ez teljes békességet jelentene a világnak?

R: Egyáltalán nem. Na akkor csináljuk: most gondoljatok mindannyian erre. De T, te leszel a kísérleti nyúl, jó? Rendben. Tíz másodperced van az életed hátralévő részéből, mit választasz? Vége az életednek, nem választottál. Van tíz másodperced az életedből, mit választasz?

T: Azt választom, hogy nem választok.

R: Azt választod, hogy nem választasz, pedig bármit választhatnál. Ha elkezded felfogni, hogy csak tíz másodperced van arra, hogy teremts, tíz másodperc elég lesz arra, hogy megteremts egy valóságot. Tíz másodperc, igazából még ennél is kevesebb, de most, ez az az intervallum, amiből működnötök kell. Ha tíz másodpercekből működsz, örömet vagy szomorúságot választanál?

T: A szomorúságot kéne.

R: Pontosan. A valóságodat a szomorúság választásából teremtetted. És amikor a múltból vagy a jövő elvárásából választasz, nem is teszel semmilyen választást, nem élsz, nem éled az életed, hanem szilárd, egyhangú korlátozásként létezel. Érdekes nézőpont, ugye?

T: Igen.

R: Rendben, mi a következő válaszod? A listán a második arról, hogy milyen... Mi volt a kérdés? Elfelejtettük.

T: Milyennek érzed a pénzt?

R: Milyennek érzed a pénzt, igen, köszönöm.

T: Számomra ezen a síkon a lényeg, azt hiszem, börtönben harcolni...

R: Á, igen. Nagyon érdekes nézőpont, ugye? Olyan érzés a pénz, mint börtönben harcolni. Hát ez ebben a teremben mindenkit nagyon jól leír. Van itt bárki, aki nem úgy látja, hogy ez az a valóság, amit teremtett?

T: Börtönben harcolni?

R: Igen.

T: Én nem így látom.

R: Te nem így látod?

T: Egy kicsit. Igazán nem értem, hogy mit jelent ez.

R: Nem harcolsz folyamatosan, hogy pénzhez juss?

T: Ó, rendben.

R: És nem érzed azt, hogy börtön az, hogy nincs elég?

T: Feladom. (Nevetés).

R: Rendben.

T: Biztos mindannyian hasonló valóságban vagyunk.

R: Mindannyian ugyanabban a valóságban éltek. Tehát hozzá kell szólnunk ehhez?

T: Igen. Mi a helyzet T barter rendszerével?

R: Hát, ez nem a saját kis börtöne?

T: Nem tudom biztosan, te hogy érzel ezzel kapcsolatban, T?

T: Úgy érzem, igen.

R: Igen, az. Látjátok, mindenkinek megvan a saját nézőpontja. Ránézel T-re, és szabadságként látod az ő valóságát, ő meg Donald Trumpot látja szabadként. (Nevetés).

T: Oké, szóval azt mondod, beszélnünk kéne róla, vagy most akkor mit kéne csinálni?

R: Megengedés. Érdekes nézőpont, mi? Hogy úgy érzem, bebörtönöz a pénz, hogy börtönnek érzem a pénzt. Bársonynak érzed? Kitágulásnak érzed? Nem. Lekicsinyítésnek érződik. Ez a valóság, vagy ez az, amit választottál, és az, hogy hogyan választottad azt, hogy megteremtsd az életed? Ez az, ahogy azt választottad, hogyan teremted az életed.

Nem valóságosabbak, mint a falak. Csak eldöntötted, hogy szilárdak, és kinn tartják a hideget. És így is működnek. Ugyanezzel a fajta szilárdsággal hozzátok létre a pénzzel kapcsolatos korlátozásokat is. Kezdjetek el megengedésből működni, az a kiút a csapdából, amit teremtettetek. Rendben? Következő kérdés.

ÖTÖDIK FEJEZET

Milyennek látod a pénz?

Raszputyin: Rendben, a következő kérdés, hogy néz ki a pénz?

T: Zöld és arany és ezüst.

R: Tehát, van színe, összhangja, szilárdsága. Ez az igazság?

T: Nem.

R: Nem, a pénz csak energia, semmi más. Jelentőssé és szilárddá tetted a formát, amit a fizikai univerzumban felvesz, így szilárdságot teremtesz a saját világodban is, így teszed magad fogyatékossá, ha van pénzed. Ha csak aranynak és ezüstnek látod, akkor biztos elég lesz, ha ilyen láncokat pakolsz a nyakad köré. Ha zöldnek látod, hát, ha zöld ruhákat veszel fel, attól lesz pénzed?

T: Nem.

R: Nem. Tehát a pénzt nem valamilyen formában kell látnod, hanem mint egy energia éberségét, mert ez az a könnyedség, amiből bőségesen teremtheted a teljességét.

T: Hogyan látod az energiát?

R: Csak úgy, mint ahogyan érezted, amikor behúztad a tested összes pórusába; így látod az energiát. Az energiát az éberség érzésével látod. Rendben?

T: Igen.

R: Következő kérdés.

HATODIK FEJEZET

Milyen ízű számodra a pénz?

Raszputyin: Lássuk a következő kérdést. Mi a következő kérdés?

Tanuló: Milyen íze van?

R: Oké. Ki szeretne erre válaszolni? Ez tuti mókás lesz.

T: A pénz olyan ízű, mint egy ízekben gazdag étcsokoládé.

R: Öhm, érdekes nézőpont, mi? (Nevetés).

T: Papír, tinta és kosz.

R: Papír, tinta és kosz, érdekes nézőpont.

T: Koszos szemellenző.

T: Beindult a nyálelválasztás az oldalsó ízlelőbimbóimnál.

R: Igen.

T: Édes és vizes.

T: Csúszós mocsok és éjjeliszekrény és barackfa.

R: Jó. Rendben. Szóval elég érdekes ízek jöttek, ugye? Vegyétek észre, hogy sokkal érdekesebb íze van pénznek, mint amilyen érzés a pénz. Több variáció van. Mit gondoltok, miért van ez így? Mert testfunkcióként teremtettétek. T-nek a pénz az evés, csokievés, igen. Igen, láthatjátok, mindenkinek van nézőpontja arról, hogy a pénznek van valamilyen íze. Csúszós, érdekes, könnyen átmegy a nyelveden, he? Könnyen lemegy?

T: Nem.

R: Érdekes nézőpont. Miért nem megy le könnyen?

T: Beragad.

R: Érdekes nézőpont: kemény, vaskos, ropogós. Rendkívül érdekes nézőpontjaitok vannak a pénzről.

T: De mind ugyanaz a nézőpont.

R: Ugyanazok a nézőpontok, mindegyik a testről szól.

T: Még akkor is, ha másnak tűnik, a hölgy....

T: Még akkor is, ha másnak tűnik.

T: ......a hölgy azt mondta, csokoládé, én azt mondtam keserű, de attól még ugyanaz.

R: Igen, ugyanaz, a testről szól mindegyik; a testedhez van köze.

T: Az ízlelésnek van hozzá köze.

R: Tényleg?

T: Igen.

R: Testen kívül nem érezhetsz ízeket?

T: Hát például egy szendvicsét nem.

R: De a pénz szempontjából a lényeg az volt, hogy a pénzt, mint funkciót úgy látod, mint egy testfunkciót. Úgy látod, mint egy három dimenziós valóságot, nem mint egy teremtés valóságát. Valamiként látod, szilárdként, valósként és lényegesként, valami olyanként, aminek íze, formája és struktúrája van. Ennél fogva társul hozzá bizonyos fajta hozzáállás is. De, ha energiaként látod, akkor könnyed. Ha testként, akkor nehéz és jelentős, és nehéznek és jelentősnek teremtettétek, vagy nem?

T: De igen.

R: Nem innen jön az összes nézőpontotok?

T: Szóval ízről kérdeztél, mi meg megint feltételezésekbe mentünk.

R: Feltételezésekbe. Azonnal feltételeztétek, hogy testről van szó, testben éltek, testként működtök. Tudjátok, csúszós, mocskos, mindenféle ilyesmi, kórokozókkal teli. Micsoda érdekes nézőpont a pénzről.

T: Néha meleg és hideg.

R: Meleg és hideg? Tényleg az?

T: Mintha lenne még itt valami, van mögötte egy bizalmi tényező, hogy megfogod, egy aranyszabály, mint...

R: Ez egy nézőpont, egy elképzelés, amit bevettél. Ez a valóság? Most már nem!! (Nevetés). Van bármi a pénz mögött? Vegyél fel egy bankjegyet, mit látsz mögötte?

T: Levegőt.

R: Semmit, csak levegőt! Jó sok levegő, ez mind, ami mögötte van. (Nevetés).

T: Sok meleg levegő.

R: Sok meleg levegő, pontosan. (Nevetés). És amikor hallod, hogy pénzről beszélnek, a meleg levegőként teremtik, úgy beszélnek róla, mintha meleg levegő lenne? Nagyon jelentős és nehéz és súlyos, nemde? Rád nehezkedik, mint egy tonna tégla. Ez a valóság? Így szeretnétek megteremteni magatoknak? Jó. Akkor kezdjetek el ránézni, érezzétek. Érezzétek minden alkalommal, amikor egy pénzzel kapcsolatos elképzelést hallotok felétek jönni. Ez már a házi feladat része, az összes többivel együtt. Minden alkalommal, amikor valamilyen pénzzel kapcsolatos elképzelés, megfontolás, hit, döntés vagy hozzáállás energiáját érzitek, érezzétek, hogy hol ütközik a testetekkel.

Érezzétek a súlyát és változtassátok fénnyé. Változtassátok fénnyé, ez csak egy érdekes nézőpont.

Ez csak egy érdekes nézőpont; nem több ennél, nem valóság. De nagyon gyorsan elkezditek látni, hogy hogyan jött létre az eddigi életetek, a benne a pénzáramlásokkal - a saját szándékotoknak megfelelően, úgy, hogy bevettétek mindenki más nézőpontját. Hol vagytok ti ebben a felállásban? Eltávoztatok, lekicsinyítettétek magatokat, megengedtétek, hogy eltűnjetek, az általatok pénznek hívott dolog lakájaivá, szolgáivá váltatok. Ez csak annyira igazság, mint amennyire a levegő, amit belélegeztek, igazság. Nincs nagyobb jelentősége, mint levegőt venni. És nem jelentősebb, mint látni a virágokat. A virágok örömöt hoznak. Igaz? Ránéztek a virágra, örömöt ad. És amikor a pénzre nézel, mit ad neked? Depressziót, nincs annyi belőle, amennyit kívántam. Soha nem vagy hálás azért a pénzért, amid van, ugye?

T: Nem.

R: Kapsz száz dollárt, és máris úgy vagy vele, hogy "Oh, ezzel kifizethetem majd a számlát, a fenébe, bárcsak több lenne." (Nevetés). Ahelyett, hogy úgy állnál hozzá, hogy "Wow, valami pompásat manifesztáltam!". Nem ünnepled, amit megteremtesz, inkább úgy vagy vele, hogy "Hopsz, már megint nem sikerült eleget összehoznom.". Mit is mondasz ezzel? Hogyan manifesztálódik ez az életedben? Ha találsz egy bankjegyet a földön, felveszed, elrakod a zsebedbe, és azt gondolod, hogy "Oh, ma szerencsés vagyok.". Azt gondolod, hogy "Azta, micsoda nagyszerű munkát végeztem a manifesztáció terén, micsoda nagyszerű munkát végeztem, hogy létrehoztam magamnak egy kis pénzáramlást"? Nem, mert nem tízezer dollárt találtál, ami annyi lenne, amennyire hiszed, hogy szükséged van. Már megint ez a *szükség* szó.

T: Milyen íze van a pénznek?

R: Milyen íze van?

T: Mocskos.

R: Mocskos? Nem csoda, hogy nincs pénzed. (Nevetés).

T: Édes.

R: Édes. Neked több pénzed van.

T: Jó íze van.

R: Jó íze van, te is kapsz egy kis pénzt a harisnyádba.

T: Olyan ízű, mint a víz.

R: Mint a víz, gyorsan megy, mint a víz, mi? (Nevetés). Egyenesen át a húgyhólyagon. Milyen egyéb nézőpontok vannak még? Nincs több? Senki másnak nincs már egyéb nézőpontja a pénzről?

T: Undi.

R: Undi. Mikor érezted utoljára a pénz ízét?

T: Gyerekként.

R: Aha, mert amikor kisgyerek voltál, azt mondták, koszos, ne vedd a szádba. Mert bevetted a nézőpontot, hogy a pénz undi. Bevetted, hogy nem jóság, nem energia, hanem valami olyan, amit el kell kerülni. Mivel koszos volt, így nem egy jó dolog volt számodra. És ezt nagyon fiatalon bevetted, és az örökkévalóságig eltároltad ezt a nézőpontot. Most már tudsz mást választani?

T: Igen.

R: Jó. Engedd meg magadnak, hogy az legyen a valóságod, hogy ez csak érdekes nézőpont. Bármilyen íze is van a pénznek, nem szilárd dolog, csak energia, és te is energia vagy. Rendben? A világodat a pénzzel kapcsolatos nézőpontjaid köré építetted? Mocskos, undi, azért van kevés belőle, mert nem szeretnél mocskos alak lenni? Néha mókásabb mocskosnak lenni, az én életemben legalábbis az volt. (Nevetés).

HETEDIK FEJEZET

Amikor látod a pénzt feléd jönni, milyen irányból érzed, hogy jön?

Raszputyin: Rendben. Akkor most jöjjön a következő kérdés. Mi a következő kérdés?

Tanuló: Milyen irányból látod jönni a pénzt?

R: Jó. Milyen irányból látod jönni a pénzt?

T: Szemből.

R: Szemből. Mindig a jövőben van, mi? Majd lesz valamikor a jövőben pénzed, amikor nagyon gazdag leszel. Ezt mindannyian tudjuk.

T: De néha úgy látom, hogy csak úgy a semmiből jön.

R: A "semmiből" egy jobb hely, de a semmi - hol van a semmi? Még jobb, ha bármiből jöhet.

T: Mi van, ha mindenhonnan jön, csak felfelé nem?

R: Hát, miért korlátozod?

T: Tudom, soha nem gondoltam még erre.

R: Soha nem gondoltad, hogy rendben van, ha az eső úgy jön, mint...

T: Nem, az esőt azt láttam, de nem gondoltam, hogy felfelé jön a földből. A saját pénzfád.

R: Igen, engedd meg, hogy bárhol virágozzon neked a pénz. Bárhonnan jöhet a pénz, mindig van pénz. Most érezd az energiát ebben a teremben. Elkezdtetek pénzként teremteni. Érzitek a különbséget az energiátokban?

Osztály: Igen.

R: Igen, honnan látjátok jönni?

T: A férjemtől.

Osztály: (Nevetés).

R: A férjedtől, többiek, honnan máshonnan?

T: Karrierből.

R: Karrier, kemény munka. Itt milyen nézőpontokról beszélsz? Ha más embertől várod, hol helyezkedik el az illető? Előtted, melletted, mögötted?

T: Mögöttem.

R: Ha az ex-férjedről van szó.

T: Róla van szó.

R: Igen, tehát a múltba nézel, hogy tőle kaphasd meg az életed. Innen teremtesz?

T: Nem, de úgy gondolom...

R: Igen, rendben. Hazudsz. Először is, húzz energiát mindenhonnan ebből a teremből, elölről, magadon keresztül, a tested összes pórusán át, húzd át a tested összes pórusán. Jó, és most, húzd hátulról, át a tested összes pórusán. Jó. És most, húzd be a két oldaladról, a tested összes pórusán keresztül. És most alulról húzd be, át a tested összes pórusán. És most húzd be felülről, a tested összes pórusán keresztül. És most mindenhonnan jön feléd energia, a pénz pedig nem más, mint egy másik formája az energiának, úgyhogy most ezt az egészet változtasd pénzzé, ami jön feléd a tested összes pórusán keresztül.

Vegyétek észre, hogy a legtöbben szilárdabbá tettétek. Tegyétek könnyűvé, tegyétek ismét energiává, amit befogadtok. És most tegyétek pénzzé. Oké, így már jobb, így válhattok pénzzé, beáramoltatjátok a testetek összes pórusán keresztül. Ne más emberektől lássátok jönni, ne másik térből lássátok jönni, ne a munkából lássátok jönni; csak engedjétek meg, hogy beáramoljon. És most állítsátok meg az áramlást a testetek összes részénél. Most pedig azt kérjük, hogy annyi energiát áramoltassatok kifelé előre, amennyit csak tudtok. Áramoltassátok ki, áramoltassátok ki, áramoltassátok ki. Csökken az energiátok? Nem. Érezzétek, hogy hátul érkezik be az energia, amikor előre kiáramoltatjátok.

Az energiának nincs vége, folytatja az áramlást; a pénz szintén. Most húzzatok energiát a testetek összes pórusába, minden helyről. Igen, éppen így. És most vegyétek észre, ahogy mindenhonnan behúzzátok, ki is megy mindenhonnan, nem stagnál. Most változtassátok pénzzé, és elkezditek meglátni, hogy csak úgy repked körülöttetek a pénz, mindenhol. Igen, bejön, kimegy, körbe- és átmegy. Folytatja a mozgást, ez energia – mint ahogy te is az vagy. Ez te vagy, te vagy ez. Igen, éppen így.

Rendben, most hagyjátok abba az áramoltatást. Most áramoltassatok pénzt, többszáz dollárnyi pénzt bárkinek ebben a teremben, előre. Áramoltassátok kifelé, hatalmas mennyiségű pénzt, lássátok, ahogyan hatalmas mennyiségű pénzhez jutnak, áramoltassátok ki, áramoltassátok ki, áramoltassátok ki, áramoltassátok ki. Vegyétek észre, hogy még mindig húzzátok be hátulról az energiát, és ha megengeditek, ugyanannyi energia bejön hátul, amennyi elöl kiáramlik, és még mindig pénzként csináljátok ezt. Így már el tudjátok képzelni? Amikor azt hiszitek, hogy nincs elég pénzetek kifizetni egy számlát, és hogy nehézkes dolog kiáramoltatni pénzt, ez azért van, mert lezártátok a hátsó részeteket, és nem vagytok hajlandóak befogadni. A pénz beáramlik, amikor kiáramlik. Amikor lezárjátok a nézőpontotokkal, hogy nem lesz elég holnap, fogyatékossá teszitek magatokat. Valójában nincs semmilyen fogyatékosságotok, csak azok, amiket ti személyesen létrehoztok. Rendben, mindenki felfogta? Következő kérdés.

NYOLCADIK FEJEZET

A pénzzel kapcsolatban, azt érzed, hogy több van, mint amire szükséged van, vagy kevesebb?

Raszputyin: Rendben. Következő kérdés.

Tanuló: A pénzzel kapcsolatban, hogyan érzek, "több van, mint amire szükségem van, vagy kevesebb?"

R: Igen. A pénzzel kapcsolatban, azt érzed, hogy több van, mint amire szükséged van, vagy kevesebb?

T: Kevesebb.

T: Azt kell mondjam, kevesebb.

T: Mindenki azt írta, hogy kevesebb.

R: Igen, akkor ezt el is döntöttük, nem? Egyikőtök sem gondolja, hogy elég van neki. És mivel mindig *szükség*ként látjátok, mit fogtok folyamatosan teremteni? Szükséget, nem eleget.

T: De mi a helyzet a számlákkal, amiket ki kell holnap fizetnem?

R: Igen, arról van szó, hogy mindig azt keresed, hogy hogyan fogod holnap kifizetni a számlát, pontosan, köszönöm szépen. Mindig arról szól, hogy hogyan fogod azt kifizetni holnap. Ma van elég pénzed? Igen! Igen!

T: Rendben vagyok?

R: "Rendben vagyok", ki mondja ezt? Érdekes nézőpontod van, hogy "rendben vagyok". "Pompásan vagyok, ragyogó vagyok" és most többet teremtesz.

A pénzem csodálatos, imádom az ilyen sok pénzt, annyim lehet, amennyire vágyok. Engedd meg, hogy eljöjjön. Légy hálás, hogy ma van pénzed, ne aggódj a holnap miatt, holnap már egy új nap, új dolgokat manifesztálsz. Lehetőségek jönnek hozzád, így van?

Tehát a mantra: "Az életben minden könnyedén, örömmel és ragyogva árad felém." (Az osztály többször megismétli a mantrát). Jó, most érezd ezt az energiát, nem ugyanaz mint az "erő vagyok, éberség vagyok, kontroll vagyok, kreativitás vagyok, pénz vagyok"?

T: És szeretet?

R: És szeretet. De mindig szeretet vagy, mindig is szeretet voltál, és mindig szeretet leszel, ez adott.

T: Miért?

R: Miért adott? Mit gondolsz, hogy teremtetted meg magadat eredetileg? Szeretetből. Szeretettel érkeztél erre a helyre. Az egyetlen személy, akinek nem adsz könnyedén szeretet, saját magad vagy. Legyél szerető magaddal szemben, és pénz leszel, öröm leszel és könnyedség leszel.

KILENCEDIK FEJEZET

Amikor behunyod a szemed, hány dimenziósnak és milyen színűnek látod a pénzt?

Raszputyin: Amikor behunyod a szemed, milyen színűnek látod a pénzt? És hány dimenziója van? Akárki...

Tanuló: Három dimenziós.

T: Kék és három dimenziós.

T: Multi-dimenzionális?

T: Zöld és kettő.

T: Zöld és három.

T: Érdekes. Többségeteknek két dimenziós. Pár embernek multi-dimenziós. És Néhányótoknak három.

T: Számomra egy tágra nyílt tér.

R: A tágra nyílt tér valamivel jobb. A tágra nyílt térben kéne a pénznek léteznie, érezz rá ennek az energiájára. Így bárhonnan jöhet, nemde? És mindenhol ott van. Amikor tágra nyílt térnek látod a pénzt, abban nincs hiány, ugye? Nem kicsinyíted le, nincs formája, struktúrája, jelentősége.

T: És nincs színe?

R: És nincs színe. Mert, aha, ti az amerikai dollárt látjátok, mi a helyzet az arannyal? Az zöld és három oldala van? Nem. És az ezüst? Néha kissé irizáló, de az még mindig nem elég. És folyékony? Van olyan, aki folyékony színeket írt?

T: Nincs.

R: Mi a helyzet a boltban lévő emberrel? Milyen módon szeretnél vele beszélni? Azért mész a boltba, hogy vásárolj? Milyen feltételezést......

T: Drága.

R: Igen, tágra nyílt terek, de te, arról beszélünk, hogy engedd meg magadnak, hogy olyan sok pénz jöjjön hozzád, hogy soha ne kelljen gondolnod rá. Soha ne gondolj a pénzre. Amikor boltba mész, megnézed az árát minden egyes terméknek, amit megveszel, összeadod, hogy lásd, van-e elég pénzed, hogy megvehesd mind?

T: Néha félek kinyitni a hitelkártya kivonatomat.

R: Pontosan. Ne nyisd ki a hitelkártya kivonatodat, ha nem szeretnéd tudni, mennyi pénzed van. (Nevetés). Mert tudod, hogy nincs elég pénzed, hogy kifizesd a tartozásaidat. Automatikusan ezt feltételezed.

T: Csak nem akarom látni.

R: Nem akarod?

T: Látni.

R: Írd le, írd le.

T: Akarni, akarni, akarni.

R: Akarni, akarni. Írd le, tépd szét. Nincs több *akarni,* nincs több *szükség,* nem engedélyezett. Oké?

TIZEDIK FEJEZET

A pénzzel kapcsolatban mi a könnyebb, a be- vagy a kiáramlás?

Raszputyin: Rendben. Lássuk a következő kérdést.

Tanuló: A pénzzel kapcsolatban, mi a könnyebb, a be- vagy a kiáramlás?

R: Van itt valaki, aki azt írta, hogy a beáramlás könnyebb?

T: Ha azt írta, hazudik. (Nevetés). Azt tudom, hogy én nem azt írtam.

R: Rendben, azt a tényt figyelembe véve, hogy rá se mersz nézni a hitelkártya adósságodra, ez valóban nem igazság.

T: Nem vagyok biztos benne, melyik.

R: Nem vagyok benne biztos, érdekes nézőpont, mi? Rendben. Tehát legtöbbször mindannyiótoknak a legjelentősebb nézőpont, amihez ragaszkodtok, hogy a pénz kifelé áramlik. Olyan egyszerű pénzt költeni, olyan nehéz dolgozni, keményen kell dolgoznom, hogy pénzt csináljak. Érdekes nézőpont, ugye? Nos, ki teremti ezeket a nézőpontokat? Te!!

Szóval, érezz pénzt, érezz energiát bejönni a testedbe. Rendben, mindenhonnan jön, érezd, ahogyan bejön. Rendben, most áramoltass magad előtt kifelé energiát, érezd, ahogyan bejön a hátadnál, és engedd meg, hogy ezek egyenlőek legyenek. És most, érezz többszáz dollárt előre kiáramolni, és többszáz dollárt hátulról beáramolni. Jó. Érezz többezer dollárt előre kiáramolni, és többezer dollárt hátulról beáramolni. Vegyétek észre, hogy többségetek ettől kissé bekeményedett. Lazuljatok fel, ez csak pénz, nem jelentős, és most nem is kell kivennetek a zsebetekből.

Most pedig, engedd meg, hogy többmillió dollár kiáramoljon előre, és többmillió dollár beáramoljon hátulról. Vedd észre, hogy könnyebb többmillió dollárt áramoltatni, mint többezer dollárt. Mert jelentőségtelivé tetted, hogy mennyi pénzed lehet, és amikor már milliókról beszélünk, már nincs több jelentőség.

T: Miért?

R: Mert nem hiszed, hogy lesz valaha is egy milliód, úgyhogy nem számít. (Nevetés).

T: Hát, nekem nehezebb volt megengedni, hogy hátulról beáramoljon a pénz, úgyhogy lehet, nekem lesz ennyim.

R: Lehet, de az biztos, hogy sokkal inkább hajlandó vagy kifelé áramoltatni a pénzt, mint amennyire hajlandó vagy megengedni, hogy beáramoljon. Ez még egy érdekes nézőpont, nem? Akkor most már egyenlő a ki- és beáramló energia? Igen, nagyjából. De az energiának és a pénznek nincsenek határai, kivéve azokat, amiket te magad megteremtesz. Te vagy a főnök az életedben, te teremted meg, a választásaiddal, a tudattalan gondolataiddal és a feltételezett nézőpontjaiddal, amik szemben állnak veled. Abból indulva teremted meg, hogy nincs erőd, és hogy nem lehetsz az az energia, ami vagy.

TIZENEGYEDIK FEJEZET

Mi a három legnagyobb problémád a pénzzel kapcsolatban?

Raszputyin: Nos, mi a következő kérdés?

Tanuló: Mi a három legnagyobb problémád a pénzzel kapcsolatban?

R: Ó, ez egy jó kérdés. Ki szeretne önkéntes lenni?

T: Én.

R: Rendben, ott, igen.

T: Nagyon félek attól, hogy semmi pénzem sem lesz.

R: Á, igen, már beszéltünk a félelmekről, oké? Tehát, szükséges ebbe még egyszer belemennünk? Mindenkinek világos már nagyjából? Oké, következő.

T: Sok dolgot akarok vásárolni.

R: Áh, érdekes nézőpont, sok dolgot venni. Mit kaptok sok cucc megvásárlásával? (Nevetés). Sok tennivalót, sok mindent, amivel foglalkozni kell, feltöltitek az életeteket sok dologgal. Mennyire érzitek magatokat könnyűnek?

T: Megterheltnek érzem magam, és aztán azon kapom magam, hogy továbbadom a szomszédoknak, születésnapokra...

R: Igen. Tehát mi az értéke annak, hogy sok dolgot vesztek meg?

T: Ez a véremben van.

R: Tehát, hogyhogy ez az elgondolásod?

T: Mert zavar engem.

R: Az zavar, hogy vásárolsz?

T: Igen.

R: Jó. Tehát hogyan jutsz túl azon a vágyon, hogy vásárolj? Úgy, hogy erőként, éberségként, kontrollként és kreativitásként létezel. És amikor elérkezel ahhoz a ponthoz, hogy azt érzed, hogy vásárolnod kell, azért vásárolsz, mert azt feltételezed, hogy nincs elég energiád. Húzz energiát magadba. Ha meg akarod törni a vásárlási szokásodat, adj pénzt a hajléktalannak az utcán, adakozz, vagy add oda egy barátodnak. Mert eldöntötted, hogy túl sok pénz áramlik be. És biztosítanod kell, hogy kiegyenlítsd az áramlást, a nézőpontodnak megfelelően. Látod, hogyan csinálod?

T: Igen. Jelenleg valóban túl sok a beáramló pénzem.

R: Igen. És lehetséges, hogy a beáramlás a kiáramláshoz képest túl sok legyen? Nem, ez egy teremtett valóság. És amiként itt létezel, amit feltételezel az az, hogy nem vagy spirituális, nem kapcsolódsz az isteni erőhöz, ha túl sok van belőle. Igazából nem ez a fontos, hanem a választásaid, amik alapján teremted az életed. Ha energiaként, erőként, éberségként és kontrollként teremtesz, öröm lesz az életedben, és ez az, amit eredetileg szerettél volna elérni. Könnyedség, öröm és ragyogás, erre vágysz, ezt szeretnéd, és erre tartasz. És ezt fogjátok mindannyian elérni, ha követitek az útmutatást, amit ma este adtunk nektek. Rendben, megválaszoltunk minden kérdést?

T: Csak ugyanezzel kapcsolatban, ha van pénzem, azt érzem, hogy hát, másnak nincs, tehát oda kellene adnom. És így már nem is marad túl sok, és aggódok miatta.

R: Mi lenne, ha energiát adnál nekik?

T: Pénz helyett energiát adjak nekik?

R: Igen, ugyanaz.

T: Tehát, amikor a fickó az aluljáróban koldul, te csak…… (Nevetés).

R: Nos, te csak……

T: Ők egy dollárt kérnek, és te csak…

R: Nem lélegeztetek be ma este energiát?

T: De.

R: Nem ettetek bőséges energiát? Mi a célja az evésnek? Hogy energiát kapjunk. Mi a célja a pénznek? Hogy legyen energiánk. Mi a célja a légzésnek? Hogy legyen energiánk. Egyáltalán nincs különbség.

T: Teljesen különbözőnek tűnik.

R: Csak azért, mert eldöntötted, és így különbözőnek teremted. A feltételezés az, hogy különbözőek.

T: Ez igaz.

R: És amikor ezt feltételezed, akkor abból a helyzetből teremtesz, ami az energia és a pénz hiányát hozza létre.

T: De ez így nem tűnik teljesen igaznak nekem, mert úgy tűnik, hogy részben azt feltételezem, hogy emberi lény vagyok, ami…

R: Nos, ez pont hibás feltételezés.

T: Hát, emberi társadalomban élek, olyan dolgokkal, mint a kenyér, víz, idő, kormány…

R: Tehát, testként teremted magad.

T: Úgy teremtem magam, mint T 1996-ban, New York Cityben, igen.

R: Testként teremted magad. Tényleg az szeretnél lenni? Boldog vagy így?

T: Hát...

R: Nem!

T: Amikor a testen kívül voltam, voltak más helyek, amik sokkal rosszabbnak tűntek, úgyhogy ez jó megállónak tűnt arra, hogy rálássak a problémára, hogyan tudnám megoldani. Közben elég rossz volt, hogy...

R: Aha. De te teremted a valóságokat a saját nézőpontjaiddal, akárhol is vagy.

T: Nekem ez nem így tűnik, úgy tűnik, mintha mások teremtenének velem, nekem, vagy rajtam. Nem hinném, hogy igazán ezt tudnám mondani, nem hinném, talán, de nem hinném.

R: Nem kontrollálod, hogy miről beszélünk?

T: Amiről te beszélsz. Mármint, te és én, mi valahogy össze vagyunk kapcsolódva...

R: Igen.

T: ......és mindenki kapcsolódik, de......és.....az tűnik lehetetlennek, hogy te te vagy, és ezen nem csodálkozom, te spirituális lény vagy.

R: És te is az vagy.

T: És te T (másik tanuló) vagy, és te T (másik tanuló) vagy, valamilyen valóságon itt együtt osztozunk, New Yorkban vagyunk 1996-ban, vagy nem? De itt vagyok veled valahogy, de nem gondolom, hogy én te vagyok.

R: Ez így van, erről beszéltünk egész eddig, nem gondolkozol. Valahányszor gondolkozol....

T: Problémám lesz.

R: Problémád lesz.

T: Felfogtad. (Nevetés).

R: Szóval dobd csak el az agyadat, az csak egy darab haszontalan kaka.

T: És ugorjak le a tetőről.

R: És ugorj le a tetőről és kezdj el lebegni a lényként, aki vagy. Amikor eldobod az agyad, abbahagyod a gondolkodás folyamatát. Minden egyes gondolatnak van egy elektromos összetevője, ami létrehozza a valóságodat. Valahányszor az gondolod, hogy "ez vagyok", "egy test vagyok", pontosan azzá válsz. Nem T vagy, jelenleg te T-nek látszol, de többmillió másik életed és identitásod van. És jelen pillanatban még mindig azokként is létezel. A tudatosságodnak a nézőpontod szerinti legnagyobb része itt van ebben a pillanatban. És még ez sem a valóság. Amint lekapcsolódsz arról a gondolatról, hogy a valóságod ebben a pillanatban teremtődik a teljes tudatosságoddal, és elkezded meglátni, hogy honnan vettél be más elképzeléseket, más nézőpontokat, más emberek hozzáállását, hitrendszerét, döntéseit és elképzeléseit, elkezdesz azokhoz a más dimenziókhoz kapcsolódni, amik nagyszerűbb valóságot adhatnak neked ezen a bolygón, mint bármi, amit jelenleg a gondolkodási folyamatodból próbálsz létrehozni. És ez az a hely, ahova vágysz, hogy eljuss valójában.

A gondolkodás az élet útjában áll, mert nem egy kreatív folyamat, hanem egy csapda. Következő kérdés.

TIZENKETTEDIK FEJEZET

Mi van több – pénzed, vagy tartozásod?

Raszputyin: Következő kérdés.

Tanuló: Mi van több – pénzed, vagy tartozásod?

R: Miből van több?

T: Tartozás.

T: Tartozás.

R: Tartozás, tartozás, tartozás, tartozás. Érdekes, mindenkinek tartozása van, miért van ez? Miért van, hogy tartozásotok van? Érezd a *tartozás* szót.

T: Ó, ez nehéz.

T: Igen.

R: Olyan érzés, mint egy tonna tégla. Nos, adunk nektek egy kis segítséget, hogyan tehetitek könnyűvé. Ennyire rátok van nehezülve, mert bevettétek azt a nézőpontot, hogy veletek kapcsolatban ez a legjelentőségtelibb dolog, vagy nem? Mert ez nehéz, mert ez jelentőségteli, mert ez szilárd – növelitek, növelitek, beveszitek, hogy oké adósnak lenni, beveszitek, hogy adósságban kell lenni és beveszitek, hogy amúgy sem lehet elegendő pénzetek nélküle. Ez valós?

T: Aham.

R: Érdekes nézőpont. Valós ez?

T: Igen, eddig ezt gondoltam.

R: Jó, még mindig ezt gondolod?

T: Nem.

R: Jó. Rendben, hogyan szabadultok meg a számláitoktól, a tartozásotoktól? Úgy, hogy kifizetitek a múltbeli kiadásaitokat. A múltbeli kiadásaitokat meg tudjátok szilárdítani? Érezzétek. Olyan érzés, mint a tartozás?

T: Nincs rajta ítélet.

R: Nincs ítélet, pontosan. És mégis jelentősen megítéled magad, a tartozásod miatt, vagy nem? És amikor ítélkezel magad felett, ki az, aki rugdos téged?

T: Saját magam.

R: Igen. Tehát, miért vagy mérges magadra az adósság teremtése miatt? Hát, az kell legyél. Te egy hatalmas, nagyszerű tartozásteremtő vagy, teremtő vagy, csodálatos adósságot teremtettél, nemde?

T: Ó, igen.

R: Nagyon pompás tartozás, azta, milyen jó vagyok az adósság teremtésben. Rendben, szóval ismerd fel, hogy adósságot illetően ragyogó teremtő vagy. Legyél ragyogó teremtő, aki vagy, hogy kifizesd a múlt kiadásait. Érezd a könnyedséget a múlt kiadásaiban, így teremtesz változást a tudatosságodban. A könnyedség az eszköz, könnyű vagy, és ha pénzként is könnyű vagy, át- és megváltoztatod a tudatosságodat, és mindenki másét is magad körül. És létrehozol egy dinamikus energiát, ami elkezdi átalakítani az egész területet és helyet, amiben élsz, és azt, hogy hogyan működik minden az életedben. De, tudd, hogy nagyszerű és ragyogó teremtő vagy, és hogy minden, amit megteremtettél a múltban, az pont az volt, amit mondtál, hogy volt, és amit a jövőben teremtesz, az pontosan az lesz, amivé teremted a választásaiddal, amiket meghozol. Rendben, következő kérdés.

TIZENHARMADIK FEJEZET

Mi az a három dolog, ami megoldás lenne a jelenlegi pénzügyi helyzetedre ahhoz, hogy bőség legyen az életedben?

Raszputyin: Rendben, van még két kérdésünk. Igen?

Tanuló: Még egy kérdés.

R: Még egy kérdés. Mi az utolsó kérdés?

T: A pénzzel kapcsolatban, ahhoz, hogy bőség legyen az életedben, mi az a három dolog, ami megoldás lenne a jelenlegi helyzetedben?

R: Jó. Ki szeretne önként jelentkezni?

T: Én.

R: Rendben.

T: Csinálom, amit szeretek és csinálom a legjobbat.

R: Csinálom, amit szeretek és csinálom a legjobbat?

T: Igen.

R: Tehát, mi késztet arra, hogy azt gondold, hogy nem azt csinálod, amit szeretsz és nem a legjobbat teszed? És mi itt az alapvető feltételezés?

T: Hogy hiányzik a pénzem, hogy eljussak oda.

R: Nos, mi az, amit a legjobban szeretsz csinálni?

T: A kertészkedést és a gyógyítást.

R: Kertészkedés és gyógyítás? És csinálod ezeket?

T: Néha.

R: Tehát, miből gondolod, hogy nem kapod meg azt, amire vágysz?

T: Hhmm...

R: Mert naponta nyolc napot töltesz azzal, amit utálsz?

T: Pontosan.

R: Ki teremtette ezt a valóságot?

T: De, hát...

R: Nincs szükségük kertészre ebben a városban? Hogyhogy nem lettél kertész, ha szeretsz kertészkedni?

T: Mert azon vagyok épp, hogy megtegyem ezt, de én...

R: Tehát mi az alapvető feltételezés emögött, amiből működsz? Idő.

T: Idő, igen.

R: Igen, idő.

T: Nem volt még idő teremteni.

R: Úgy van. Nem volt még idő teremteni. Miről beszéltünk az elején? Kreativitás, az elképzelés megteremtése. Erő, erőként létezni, annak adni az energiát, amire vágysz, éberség arra a tudásra, hogy meglesz neked. Hol gyengíted folyamatosan a tudásodat arról, hogy meglesz neked, amire vágysz? Minden nap ezt teszed, amikor munkába mész, és azt mondod, hogy "Még mindig nem kaptam meg."

T: Így van.

R: Mit teremtesz ebből a nézőpontból? Még mindig nem rendelkezel vele, és holnapra sem kapod meg, mert még mindig az a nézőpontod, hogy nem kaptad meg. És úgy használtad a kontrollt, hogy eldöntötted, hogy van egy meghatározott út, amit be kell járnod ahhoz, hogy eljuss oda. Ha az út, ami odavisz olyan, amin ki kell, hogy rúgjanak, hogy sikerülhessen, akkor nem tudod megcsinálni, ugye? De ha eldöntöd, hogy az egyetlen mód, ahogy meg tudod csinálni az az, hogy megtartod azt a munkát, amit utálsz, mert az adja neked azt a szabadságot, ami lehetővé teszi, hogy odajuss, ahová szeretnél, létrehoztál egy tervezetet és utat, egy módot arra, hogyan kell odajutnod, ami nem engedi, hogy a bőséges univerzum hozzájárulás legyen az utadhoz.

Most adunk nektek még egy mondatot, amit le fogtok írni, és kirakjátok olyan helyre, ahol minden nap látjátok. Íme: **Megengedem a bőséges univerzumnak, hogy olyan lehetőségek tömkelegével lásson el, ami támogatja a növekedésemet, az éberségemet, és az életem örömteli kifejeződését.** Ez a célotok, ez az, ahová mentek.

R: Rendben. T, mi a következő válaszod?

T: Adósság nélkülinek lenni, hogy utolérjem magam és szabad legyek.

R: Adósság nélkülinek lenni. Mi az alapvető feltételezés emögött? Az, hogy soha nem leszek adósság mentes, és hogy adósságban vagyok. Tehát mit mondasz magadnak minden nap? "Adósságban vagyok, adósságban vagyok, adósságban vagyok, adósságban vagyok, adósságban vagyok, adósságban vagyok, adósságban vagyok." Hányan vagytok adósságban?

T: Mindannyian, valószínű.

R: És hányan mondjátok ezt nagy bőséggel és szorgalommal? (Nevetés).

T: Nem én.

T: Szorgalom. (Nevetés).

R: Jó, tehát ne teremts onnan. Teremts a "pénz vagyok"-ból. Ne aggódj amiatt, amit adósságnak nevezel, kis részeket fizess ki egyszerre. Szeretnéd azonnal visszafizetni az egészet, vedd mindennek a 10%-át, ami befolyik és fordítsd az adósságodra. És egyáltalán ne nevezd adósságnak. Figyeld meg hogy hangzik az *adósság*. Nagyon jól hangzik, nem? Nevezd a múlt kiadásainak. (Nevetés).

T: Megteszem!

T: Ez nagyszerű, ez igazán nagyszerű.

R: Nehéz azt mondani, hogy "Múltbeli kiadás vagyok.", nemde? (Nevetés). Nehéz azt mondani, hogy "Múltbeli kiadásokban vagyok." De, "A múlt kiadásainak visszafizetése könnyű nekem." Látod, hogyan jutsz ki az adósságból? Nem szabad figyelmen kívül hagynunk itt a szabadság részét. A mögötte lévő nézőpont az, hogy nincs szabadságod, ami azt jelenti, hogy nincs erőd, ami azt jelenti, hogy nincs választásod. Ez tényleg igaz?

T: Nem.

R: Nem. Te választottad a tapasztalataidat, az életed minden tapasztalatát, és mindez miről szólt? Hogy egyre nagyobb és nagyobb éberséget teremtesz magadban. Minden, amit a múltban választottál, csak azt a célt szolgálta, hogy ráébresztett saját magad a valóságára és igazságára, máskülönben nem lennél most itt ma este. Rendben?

T: Meg tudnád még egyszer ismételni?

R: Minden, amit a múltban választottál, csak azt a célt szolgálta, hogy ráébresztett saját magad igazságára, máskülönben nem lennél most itt ma este. Mit szóltok hozzá, sikerült szó szerint? (Nevetés). Rendben. Tehát, mi a következő nézőpontod?

T: Egyszerűbb életet élni.

R: Micsoda egy lószar ez! (Nevetés).

T: Tudom. (Nevetés). Tudtam akkor is, amikor írtam. (Nevetés).

R: Egyikőtök sem vágyik egyszerűbb életre, az egyszerűbb élet nagyon könnyű – meghalsz! Akkor egyszerű életed lesz. (Nevetés). A halál egyszerű; az élet, az élet tapasztalatok bősége. Az élet mindennek a bősége, az öröm bősége, a könnyedség bősége, a ragyogás bősége, ez a te valóságod és igazságod. Korlátlan energia vagy, teljességedben minden vagy, amiből áll ez a világ, és minden alkalommal, amikor azt <u>választod</u>, hogy pénz, éberség, kontroll, erő és kreativitás vagy, ezt a fizikai síkot egy olyan hellyé változtatod, ahol az emberek valóban abszolút éberségben, örömben, bőségben élhetnek. Nem csak rád, hanem ennek a síknak az összes többi lényére is hatással vannak a választások, amiket meghozol. Mert te ők vagy, és ők pedig te. Ahogy fellazítod a saját feltételezéseidet, amint nem adod tovább és nem ragasztasz be másokat a feltételezéseiddel, egy könnyedebb bolygót, egy jobban felébredt és éberebb civilizációt teremtesz. Amire vágysz, amit kívántál, az olyan hely, ahol a béke, az öröm kivirágzik. De ti vagytok a teremtői ennek, legyetek ennek tudatában, legyetek ennek az örömében, és tartsátok fenn.

És most ismételjünk, az eszközeitek: amikor érzitek, hogy a pénzzel kapcsolatos gondolatok energiái jönnek felétek, és érzitek, hogy nyomást gyakorolnak rátok, fordítsátok meg, távolítsátok el magatoktól, amíg ismét érzitek a teret, akik vagytok. És akkor tudni fogjátok, hogy ezek nem ti vagytok, és csak teremtettétek azt a valóságot. Emlékezzetek, hogy teremtsétek meg annak az elképzelését, amitek lesz azáltal, hogy az erőt, az energiát hozzákapcsoljátok. És azáltal, hogy éberek vagytok arra, hogy ez már egy létező valóság, mert kigondoltátok. Nem kell kontrollálnotok, hogy ez hogy jön létre, ti magatok vagytok a kontroll, és így olyan gyorsan meg fog jelenni, ahogyan a bőséges univerzum képes megadni számotokra. És meg fogja adni, ne ítélkezzetek. Legyetek hálásak minden nap mindenért, amit manifesztáltok, amikor egy dollárt kaptok, legyetek hálásak, amikor ötszáz dollárt kaptok, legyetek hálásak, amikor ötezer dollárt kaptok, legyetek hálásak, és ha van adósságotok, hívjátok azt a múlt kiadásainak, ne adósságnak. Az életetekben nem tartoztok semmivel sem, mert nincs múlt, nincs jövő, csak ez a tíz másodperc, amiből az életeteket teremtitek. Tegyétek ki magatok elé a mantrát: "Az életben minden könnyedén, örömmel és ragyogva árad felém." Mondjátok el tízszer reggel és este, hogy "Erő vagyok, éberség vagyok, kontroll vagyok, kreativitás vagyok, pénz vagyok". Tegyétek olyan helyre, ahol látjátok és osszátok meg másokkal is, hogy "Megengedem a bőséges univerzumnak, hogy olyan lehetőségek tömkelegével lásson el, ami irányítja és támogatja a növekedésemet, az éberségemet, és életem örömteli kifejeződését." És létezzetek ekként, mert ez az igazság rólatok.

És ennyi elég is lesz ma estére. Váljatok pénzzé az életetek minden aspektusában. Szeretetben hagyunk titeket. Jó éjszakát.

ACCESS CONSCIOUSNESS®

Az életben minden könnyedén,
örömmel és ragyogva árad felém!™

www.accessconsciousness.com

www.ingramcontent.com/pod-product-compliance
Lightning Source LLC
Chambersburg PA
CBHW081510200326
41518CB00015B/2452